Menschliche Kommunikation: ein weites Feld. Dieser Tage: ein Minenfeld. Vom herzlichen «Fick dich» über «deine Mutter» bis hin zum Nazivergleich – Beleidigungen durchziehen unsere Kultur. Die subtile Herabsetzung gibt es genauso wie den Mittelfinger ins Gesicht. Wie geht man am besten mit Beleidigungen um? Wie teilt man sie aus, wie steckt man sie ein? Und wann, ja, wann darf man etwas wirklich nicht mehr sagen? Sind wir eine Beleidigungs- oder eine Empörungsgesellschaft? Es gibt Redebedarf zwischen «Gutmenschen» und Wutbürgern.

«Der Aufstieg des Mittelfingers» beschreibt den Gesellschaftstrend hin zu einer Beleidigungskultur, in der die Sprache das Medium des Kränkens ist. Jan Skudlarek führt uns humorvoll vor Augen, welche Macht das beleidigende Wort haben kann, wie schnell das Beleidigte-Leberwurst-Stadium bisweilen erreicht ist und was es für uns bedeutet, in einer Gesellschaft zu leben, in der erst beleidigt, dann nachgedacht wird.

Jan Skudlarek, geboren 1986 in Hamm, ist promovierter Doktor der Philosophie, Lyriker und großer Kneipengänger. Er erhielt zahlreiche Preise für seine Lyrik, u. a. GWK-Förderpreis Literatur 2008 sowie zuletzt den Wolfgang-Weyrauch-Förderpreis 2017. Bisher veröffentlichte er u. a. die Lyrik-Titel «Du hast Lippen wie Mozart» und «elektrosmog».

Skudlarek wohnt in Berlin-Neukölln.

Jan Skudlarek

DER **AUFSTIEG**
DES **MITTELFINGERS**

**Warum
die Beleidigung heute
zum guten Ton gehört**

Rowohlt Taschenbuch Verlag

Originalausgabe
Veröffentlicht im Rowohlt Taschenbuch Verlag,
Reinbek bei Hamburg, Oktober 2017
Copyright © 2017 by Rowohlt Verlag GmbH,
Reinbek bei Hamburg
Umschlaggestaltung ZERO Media GmbH, München
Umschlagabbildung Wichai Treethidtaphat / EyeEm / Getty Images
Satz Whitman PostScript, InDesign, bei
Pinkuin Satz und Datentechnik, Berlin
Druck und Bindung CPI books GmbH,
Leck, Germany
ISBN 978 3 499 63299 0

INHALT

Der erste Mensch, der beleidigte, anstatt seinem Gegenüber wortlos den Schädel einzuschlagen, legte damit den Grundstein der Zivilisation.

– John Hughlings Jackson, britischer Neurologe

ICH BELEIDIGE, DU BELEIDIGST:
DIE GRAMMATIK
DER GERINGSCHÄTZUNG

Wie ein Schlag ins Gesicht. So empfinden viele ihr Beleidigtwordensein. Dabei sind unsere Münder in der Regel noch schneller als unsere Hände. Zack, bumm. Du Arschloch. Spasti. Mittelfinger hoch!

Beleidigungen überrumpeln. Sie tun weh. Plötzlich sind sie da und dann auch ganz schnell vorbei. Manche Kränkung verfolgt dich noch Jahre später.

Davor ist immer etwas passiert. Ein Auslöser. Ein Grund. Manchmal weißt du gar nicht, wie es dazu kommen konnte. Oder was überhaupt passiert ist. *Was hab ich da gerade gesagt?*

Eine Situation lädt sich auf. Elektrisiert sich. Beleidigungen entstehen wie ein Gewitter. Das führt zu Blitz und Donner und Aussagen über deine Mutter.

Was sind Beleidigungen überhaupt? Warum wirken sie – und wie? Täglich machen sich Menschen absichtlich zur Sau. Keiner schafft es ohne Beleidigungen durch die Schulzeit. Ob wir wollen oder nicht: Beleidigungen sind irgendwie Alltag. In der Kunst. In den Medien. Im Internet. Battle-Rap wird immer populärer. Böhmermann und Erdoğan erkunden die Grenzen der Kunstfreiheit gemeinsam vor Gericht. In manchen Kreisen gelten alle Polizisten als Bastarde. Ein deutscher Minister nannte Roberto Blanco einen «wunderbaren Neger». Und was ist politische Korrektheit: Anstand und Respekt – oder Zensur unserer Meinungsfreiheit?

Beleidigungen sind überall. Wie geht man am besten mit ihnen um? Wie teilt man sie aus, wie steckt man sie ein?

Überhaupt. Das wird man ja wohl noch sagen dürfen!

Es ist eine ziemlich spannende Frage, was man sagen «darf» – und zu wem. Was man mit Worten *machen* kann. Was für eine Wirkung man in wenigen Sekunden erreicht, wenn man will.

Sagte ich mit Worten? Obacht! Wir sollten nicht vergessen, dass das Beleidigen eine Form des Kommunizierens ist, die oft genug *wortlos* stattfindet. Denn egal, was man tut oder lässt. Egal, was man ausspricht oder verschweigt: Man wirkt aufeinander. Bekanntermaßen kann man gar nicht *nicht* kommunizieren.

Doch was kann ich tun, um einen Menschen zu beleidigen? Jede Menge. Ich kann einen Koch beleidigen, indem ich kräftig nachsalze. Ich kann meine Freundin beleidigen, indem ich einer anderen Frau ein Kompliment mache. Ich kann Eltern beleidigen, indem ich ihnen gratuliere, dass ihr Sohn «tatsächlich noch das Abitur» geschafft hat. Wenn ich einer Frau die Tür aufhalte, kann ich sie beleidigen. Wenn ich ihr demonstrativ dieselbe Tür *nicht* aufhalte, ebenso. Ein Rapper der 187 Strassenbande, einer Rap-Crew aus Hamburg, bekam eine Strafanzeige, weil er zu einem Polizisten «Du bist ein Fuchs!» sagte.

Direkte Beleidigungen sind natürlich am offensichtlichsten. Also das Betiteln meines Gegenübers als «Hurensohn», «Spacko» oder «Wichser» oder als «Schlampe», «Tusse» oder «Fotze». Die Spannbreite reicht von «Neger» bis «Nazi».

Das Beleidigungsvokabular kennt viele, sehr viele Standardvokabeln. Sie sind das kleine Einmaleins der sprachlichen Verletzung.

Dabei ist der Griff zur beleidigenden Sprache keineswegs eine Kapitulation vor der Sprache allgemein.

Oder etwa doch? Ist Fluchen, Schimpfen und Beleidigen etwa ein Ausdruck sprachlicher Armut?

Im Gegenteil. Das haben zwei Kognitionsforscher unlängst herausgefunden. Probanden wurden gebeten, innerhalb einer Minute möglichst viele Tiernamen zu nennen. Anschließend wurden dieselben Menschen gebeten, möglichst viele Beleidigungen und Schimpfwörter aufzusagen. Ebenfalls in einer Minute. Das Resultat? Studienteilnehmer, welche die meisten Tiere aufzählen konnten, konnten auch die meisten Beleidigungen abfeuern.[1]

Sprecher, die besonders viele Kraftausdrücke kennen, haben also insgesamt ein eher weitreichendes Vokabular. Der Mythos, dass man schimpft, flucht und beleidigt, weil man mit Sprache nicht gut umgehen kann, stimmt also nicht.

Wer sich in den fiesen Bereichen der Sprache heimisch fühlt, ist auch insgesamt sprachlich ziemlich fit.

Aber was heißt das denn, beleidigen? Beim Kränken geht es ja um mehr als um irgendwelche Standardvokabeln. Auch jenseits vom Hurengesohne und Muttergeficke bietet unsere Sprache ein immenses Beleidigungspotenzial. Allerdings: Wo kommt das her? Wie lernen Kinder Beleidigungen?

Kinder lernen ständig und alles Mögliche. Insbesondere Kleinkinder. Doch im Alter von ungefähr einem Jahr passiert besonders viel. Kleinkinder entdecken ihre Umwelt und finden zu einer, ja, zu *ihrer* Sprache.

Kinder lernen, ihr Gegenüber zu erkennen. Als etwas Belebtes, das sich von anderen Dingen wie dem Fußboden und dem Kinderbettchen unterscheidet. Kinder erahnen nach und nach, dass Mama und Papa denkende und fühlende Wesen sind. Sie entwickeln eine *Theory of Mind*. So nennen Psychologen und Philosophen die Fähigkeit, sein Gegenüber als jemanden zu begreifen, der seinerseits ein geistiges Innenleben hat.

Diese Fähigkeiten entwickeln sich in den ersten Lebensjahren. Augenkontakt, auf Dinge zeigen, sprachliches Interagieren: Eine *Theory of Mind* ist die Voraussetzung. Das heißt natürlich nicht, dass Kinder eine Theorie im wissenschaftlichen Sinn formulieren. Gemeint ist die Fähigkeit, andere intuitiv als Träger geistiger Zustände zu verstehen.

Die Erkenntnis: Es gibt noch andere Ichs außer mir. Ich und Du sind Wir.

Das ist der Grundstein des sozialen Miteinanders. Oder, wie in unserem Fall, der Grundstein des sozialen Gegeneinanders. Ohne *Theory of Mind* keine sinnvolle soziale Interaktion. Ohne sinnvolle soziale Interaktion keine Beleidigung.

Ich kann beleidigen, weil ich die Perspektive wechseln kann. Im Wissen, dass mein Gegenüber auch eine Psyche hat. Wahrnehmungen. Nicht zuletzt: Gefühle.

Unbelebte Dinge eignen sich nur bedingt zur sozialen Interaktion – und gar nicht zum Beleidigen. Ich kann beim Aufbauen meines IKEA-Schranks fluchen. Meinen IKEA-Schrank beleidigen kann ich nicht. An einem lauen Sommerabend kann ich mich über die Mückenplage beklagen: Die Mücken werden mein Gejammer ignorieren. Selbst das eigene Haustier, sei es der Hund oder die Katze, wird keines meiner Worte *kränken*. Zumindest nicht auf Ebene der Wort- oder Satzbedeutung. (Angeschrien wird niemand gerne.) Ich kann mich hinunterbeugen und sagen: «Du bist wirklich die dümmste Katze weit und breit.»

Anders verhält es sich, wenn ich in der U-Bahn sage: «Sie sind wirklich der dümmste Fahrkartenkontrolleur weit und breit.» Der so beleidigte Kontrolleur hat nicht nur das Recht, sich zu empören (wer würde es ihm verübeln?), sondern auch die Möglichkeit zu antworten. Wenn er möchte, sogar per Strafanzeige (doch dazu später mehr).

Was ist der Unterschied zwischen einem Fahrkartenkontrolleur und einer Katze? Klingt wie der Anfang eines Witzes, ist aber philosophischer Ernst. Denn als Menschen gehen wir davon aus, dass die anderen Menschen, mit denen wir zu tun haben, *absichtlich* Dinge tun. Zumindest meistens. Der Fahrkartenkontrolleur hätte also allen Anlass, wütend zu werden, meine Motive zu hinterfragen und vielleicht auch mich zurückzubeleidigen.

Ein wichtiger Punkt. Kandidat für eine Beleidigung kann nur ein denkendes, fühlendes Gegenüber sein. Und das sind in der Regel nur andere Menschen.

Ja, viele Tiere können denken, wahrnehmen, auch füh-len. Doch zwischen ihnen und uns besteht eine Barriere. Wir können uns schlecht ineinander hineinversetzen. Wir sprechen nicht dieselbe Sprache.

Bei Menschen ist das anders. Durch unsere Gefühls-welt und die Möglichkeit des Perspektivwechsels sind wir *beleidigungsfähig*. Ohne die Fähigkeit, Leid zu fühlen, keine Beleidigung. Und natürlich ist da die gemeinsame Sprache: Eine Beleidigung muss man erst mal verstehen. Deswegen sind IKEA-Schränke und Katzen keine guten Kandidaten fürs Beleidigen. Was ihnen fehlt, ist die Fähigkeit, durch Worte oder Gesten gekränkt zu sein.

Hier sehen wir den wesentlichen Unterschied zwischen fluchen und beleidigen. Flüche haben keine Richtung. Wenn ich frustriert «Verdammt noch mal!» oder «Scheiße nee!» rufe, mache ich meinem Ärger Luft – ohne Adressa-ten. Beleidigungen richten sich *an jemanden*.

ICH KRÄNKE, ALSO BIN ICH:
DIE PHILOSOPHIE DER
BELEIDIGUNG

Frei.Wild ist eine Drecksband. Und hässlicher als Pur. Kann man zumindest meinen. Auf dem Blog «Ruhrbarone» ist jedenfalls ein Text erschienen, der genau diese Aussagen enthält. Das hat den Mitgliedern der Musikkapelle Frei.Wild natürlich nicht sonderlich gefallen. Ganz egal, wie hässlich Pur nun im Vergleich wirklich sind.[*] Ihr Anwalt forderte den Blog Ruhrbarone also auf, die Äußerungen zu löschen und künftig zu unterlassen. Die Ruhrbarone entgegneten sinngemäß: Nix da, das ist Meinungsfreiheit.[2]

Ein typischer Ablauf. Und die Gerichte werden auch diesen Fall entscheiden.

Als Bürger eines Staates haben wir Rechte (und Pflichten). Nicht zuletzt daher der Begriff: Rechtsstaat. Gesetze sind wiederum die Regelwerke, die unseren Umgang miteinander und mit dem Staat (bzw. seinen Vertretern) festlegen und uns an sie binden. Gesetze gelten für alle, und Gerichte legen Gesetze aus. So weit der Grundgedanke.

Auch der Umgang mit Beleidigungen wird gesetzlich geregelt. Und zwar, das mag überraschen, im Strafgesetzbuch.

---

[*] Schauen Sie nach! Urteilen Sie selbst!

Die Beleidigung wird mit Freiheitsstrafe bis zu einem Jahr oder mit Geldstrafe und, wenn die Beleidigung mittels einer Tätlichkeit begangen wird, mit Freiheitsstrafe bis zu zwei Jahren oder mit Geldstrafe bestraft.

§ 185 StGB

Beleidigungen werden nur auf Antrag verfolgt (§ 194 StGB). Diesen Antrag stellen die meisten Menschen nicht. Ob Stinkefinger im Straßenverkehr oder Müttersprüche auf dem Bolzplatz – nur ein Bruchteil aller Beleidigungen beschäftigt die Justiz. Und das ist grundsätzlich auch gut so. Nichtsdestoweniger hat jeder Bürger das Recht, einen Antrag wegen Beleidigung zu stellen, sobald er sich auf bestimmte Weise in seiner Ehre verletzt fühlt. Denn das ist das Schutzgut des Beleidigungsparagraphen: die persönliche Ehre.

So hat eine ältere Dame die Bundesrepublik wegen Beleidigung verklagt, weil der Deutsche Wetterdienst den Ausdruck «Altweibersommer» verwendet. Sie fühlte sich dadurch negativ angesprochen. Und persönlich beleidigt. Die Klage wurde – Überraschung! – abgewiesen. Weder sei sie persönlich gemeint gewesen, noch hätte sich der Ausdruck «Altweibersommer» gegen «alte Frauen» gerichtet. Außerdem seien alte Frauen auch gar keine ausreichend konkrete Gruppe, so das Gericht.[3]

Das subjektive Gefühl, beleidigt und somit emotional verletzt worden zu sein, ist nicht alleine ausschlaggebend für das Vorhandensein einer Beleidigung. Weder philosophisch noch juristisch. Ehrlich gesagt kann ich mir auch gut vorstellen, dass mich jemand «Arschloch!» nennt – und mich das komplett kaltlässt. Trotzdem handelt es sich bei einem direkt an mich adressierten «Arschloch!» (bestenfalls verbunden mit eindeutigem Blick, Fingerzeigen usw.) um eine Beleidigung. Dass ich gegebenenfalls emotional verletzt wurde, spielt nur eine untergeordnete Rolle – ein Gericht beziehungsweise so ziemlich jeder würde in diesem Fall das *Vorhandensein* einer Beleidigung anerkennen.

Dieser Umstand berührt einen zentralen philosophischen Punkt. Geistige Zustände sind *privat*. Gefühle sind geistige Zustände. Somit sind auch sie privat. Im Sinne von: nichtöffentlich.

Niemand kann mir in den Kopf schauen. Es kann sein, dass ich jemandem meine Gedanken oder meine Gefühle «zeige». So kann ich zum Beispiel zu jemandem sagen, dass ich Liebeskummer habe – oder einfach nur bedröppelt herumsitzen. Wenn ich Angst vor Hunden habe, muss ich das nicht aussprechen. Man sieht es an meinem Verhalten in der Nähe eines Vierbeiners. Ähnlich ist es mit allen möglichen Geisteszuständen. Die Zustände selbst sind zwar verborgen, doch mein Handeln ist in der Regel verständlich. So ziehen Mitmenschen Rückschlüsse auf meine innere Verfassung – aus dem, was ich sage und wie ich mich benehme. Unser Miteinander beruht darauf, dass wir einander lesen lernen.

Die Kommunikation ist die Schnittstelle zwischen Psyche und Umwelt.

Geistige Zustände sind an sich, wie gesagt, privat. Mit Kommunikation verhält es sich zwangsweise umgekehrt. Kommunikation ist *öffentlich*. Damit ist weniger «vor einem großen Publikum» gemeint als «in der körperlichen Welt, zwischen uns Menschen». Was ich kommuniziere, muss für andere irgendwie erkennbar und interpretierbar sein.

So ist es auch mit Beleidigungen.

Eine Beleidigung, die niemand versteht, ist keine. Auch wenn eine erklärende Absicht nachgeschoben wird. Es hilft nichts, willkürlich herumzufuchteln oder Nonsens zu brabbeln mit dem Nachsatz «Du verstehst mich nicht? Ich will dich beleidigen!». Da kann man nur mit den Achseln zucken.

Das sind die Regeln des sozialen Spiels. Wir bewerten nicht Absichten, sondern *Handlungen*. Eine beleidigende Handlung muss öffentlich als solche verstanden werden. Und zwar von jemandem, der als kompetenter Teilnehmer des jeweiligen Kulturkreises gilt. Denn Beleidigungen gibt es überall. Nur nicht überall auf die gleiche Weise.

In einigen Ländern Asiens gilt es als beleidigend, sich öffentlich die Nase zu putzen. Ein Freund von mir, der in der U-Bahn in Tokio seine europäische Langnase ausgerotzt hat, war sich dessen nicht bewusst. Die Japaner um ihn herum hingegen sehr wohl. Ihre Reaktion: Irgendwo zwischen Ekel und Nachsicht angesichts des unwissenden Europäers.

Fehlendes kulturelles Wissen kann *entschuldigend* wirken. Ein Japaner wird in Japan anders beurteilt als ein Nichtjapaner. Doch Unwissenheit hebt keinen Tabubruch und keine Beleidigung auf.

Wir erklären unsere Handlungen oft im Nachhinein. Auf vielfältige Weisen. Passiert sind sie zu dem Zeitpunkt trotzdem. Das laute Naseputzen meines Freundes war, ob mit Absicht oder ohne, öffentlich in der Welt. Es war ein Verstoß gegen die Etikette.[*]

Wir sehen: Es geht nicht *nur* um Absichten.

Absichten sind der Motor unseres Handelns. Das stimmt. Allerdings können wir die Wirkung unseres Handelns nicht immer kontrollieren. Absichten hin oder her. Jan Böhmermann hatte durchaus vor, den türkischen Präsidenten Erdoğan mit seinem Gedicht «Schmähkritik» satirisch durch den Kakao zu ziehen (dazu unten mehr). Er hatte vermutlich nicht vor, deswegen angeklagt zu werden, unter Polizeischutz zu stehen oder einen internationalen Eklat zu verursachen.

Private Absichten (oder verletzte Gefühle) sind also das eine. Die öffentliche Wirkung unserer Handlungen das andere. Genauer gesagt haben wir drei paar Schuhe:

- Absicht (was ich vorhabe)
- Handlung (was ich tue)
- Wirkung (was danach passiert)

---

[*] Aber eher keine Beleidigung!

Es gibt in diesem Sinne zwei Kategorien von Beleidigungen: die absichtlichen und die unabsichtlichen.

Unabsichtliche Beleidigungen sind nicht gewollt – sie «passieren» viel mehr. Ich kann beispielsweise den Geburtstag einer guten Freundin vergessen. Diese reagiert daraufhin beleidigt. Als mir mein Versehen auffällt, versichere ich ihr, dass es keine Absicht war, dass sie mir wichtig ist und so weiter. So glätte ich die Wogen, und sie verzeiht mir.

Anders verhält es sich, wenn eine Freundin Geburtstag hat, ich davon weiß und ihr *absichtlich nicht gratuliere*. Vielleicht weil ich sauer bin wegen einer anderen Angelegenheit. Dass es sie kränkt, dass ich ihr nicht gratuliere, nehme ich bewusst in Kauf. Oder ich beabsichtige die Kränkung explizit. Ich *will* ihr weh tun.

Scheiß auf ihren Geburtstag.

Im Zentrum dieses Buches stehen die gewollten, absichtlichen Beleidigungen. Wie und warum wir einander zielgerichtet kränken. Der Grund ist einfach: Zu unabsichtlichen Beleidigungen gibt es weniger zu sagen. Auf Handlungsebene findet weniger statt. Mit einem «Schwamm drüber» oder «Halb so wild» ist das meiste auch schon wieder vorbei. Bei absichtlichen Beleidigungen fängt der Spaß nach der ersten Beleidigung erst richtig an. Oder, bildlich gesprochen: Interessanter sind die Fälle, bei denen wir absichtlich zustechen. Nicht die, bei denen wir mit dem Messer ausrutschen.

GIB MIR TIERNAMEN:
VOM SPRECHEN IN BILDERN

Wenn wir uns beleidigen, nehmen wir nicht zwangsweise den direkten Weg. Oft kränken wir «durch die Blume» – wobei es sich bei dieser Art der Kommunikation um Blumen mit Stacheln handelt.

Die beleidigende Rede, das verbale Zustechen erfolgt oft mit Hilfe einer bildlichen Sprache.

Vom Politiker Günther Oettinger mag man denken, was man will. Zum Beispiel von seinen Englischkenntnissen, die zeitweise so klangen, als hätte er eine quasienglische Phantasiesprache erfunden. In seiner Muttersprache kann er sich jedoch artikulieren, mitunter amüsant. Das bewies er im Februar 2016. Damals hat er die Berufsgermanin Frauke Petry in einem Gedankenexperiment gleich mehrfach beleidigt.

> **«Wenn die komische Petry meine Frau wäre, würde ich mich heute Nacht noch erschießen.»**
>
> **Günther Oettinger (CDU), EU-Kommissar für Haushalt und Personal**

Wie hat er das gemacht? Erstens redet er über sie als «die Petry» – ohne Anrede, ohne Vornamen, einfach nur «die

Petry». Das ist an sich schon etwas unhöflich vom Oettinger. Genau hat er gesagt: «die komische Petry». Das ist höchstwahrscheinlich kein Kompliment für Frau Petrys komödiantisches Talent. Der Hörer interpretiert das «komisch» nicht als «humorvoll» oder «lustig», sondern als «merkwürdig» oder «sonderbar». Am Satzende folgt der Knaller: Dann würde er sich erschießen.

In einer Welt, in der Frauke Petry die Ehefrau von Günther Oettinger ist, würde Günther Oettinger lieber sein Leben beenden, anstatt die Ehe wie auch immer fortzuführen oder aufzulösen. Das ist schon ein starkes Stück. Der Hörer versteht allerdings: Es ist kein ernstgemeintes Gedankenexperiment. Herr Oettinger möchte weder Frau Petry heiraten noch sich umbringen. Er entwirft dieses gedankliche Szenario mit der Absicht, Frauke Petry zu beleidigen. In der Tat: Das einzig Ernstgemeinte an Herrn Oettingers Aussage ist die Beleidigung.

Inhaltlich erinnert dieser Satz an einen weiteren Politikerausspruch, nämlich an einen von Winston Churchill. Angeblich hat folgender Dialog zwischen dem damaligen britischen Premierminister und der britischen Politikerin Nancy Astor stattgefunden:

Nancy Astor: «Wenn Sie mein Gatte wären, ich würde Ihren Kaffee vergiften.»
Winston Churchill: «Nancy, wenn ich Ihr Gatte wäre – ich würde den Kaffee trinken.»

Prost!, möchte man da zurufen.

Im Vordergrund steht in beiden Fällen die bildliche, un-eigentliche Rede. Was heißt das?

Bei der eigentlichen Rede meint man das, was man sagt, genau so, wie man es sagt. Wenn ich beim Abendessen zum Beispiel sage: «Gib mir bitte den Salzstreuer», so ist das aller Wahrscheinlichkeit nach wirklich so gemeint. Ich hätte gerne den Salzstreuer. Es ist eigentliche Rede. Es ist keine Metapher.

Bei der uneigentlichen Rede spricht man bildlich. Symbolisch. Vielleicht mit dem Bild einer Heirat, die so nie stattfinden wird oder soll. Ich sage etwas durch die Blume – ohne Florist zu sein.

Beleidigendes Sprechen ist oft uneigentliches Sprechen. Selbst ein «Du Hurensohn!» ist uneigentliches Sprechen. Außer man spricht mit dem Sohn einer Prostituierten. In den allermeisten Fällen handelt es sich jedoch um ein Sinnbild. Ein Sinnbild, das etwas kommunizieren will. Im Fall von Oettinger und Churchill lautet die bildliche Botschaft: «Bevor ich mit Ihnen vertraut werde, ziehe ich das Sterben vor.» Das muss man mindestens mit einem «Ich kann Sie wirklich nicht leiden» übersetzen. *Das* ist der Kern der Beleidigungen von Churchill und von Oettinger. Abneigung. Zurückweisung. Kränkung.

Die Sprecher haben ihre Botschaften bildlich verpackt, um eine bessere Wirkung zu erzielen. Ein simples «Ich mag Sie nicht sehr» hat keine besondere Schlagkraft. Da bedarf es mehr.

Somit sind wir im Reich der Sprachbilder und ihrer Deutung.

Wenn ich zum Beispiel sage: «Du bist echt dumm wie ein Esel!», ist das ein Vergleich. Ein A ist *wie* ein B.

Wenn ich sage: «Der Präsident ist ein Arsch!», ist das eine Metapher. Ein A *ist* ein B.

Beides, Vergleiche und Metaphern, sind hervorragende Quellen beleidigender Rede. Grund genug, sie näher anzuschauen.

Sowohl Vergleiche als auch Metaphern funktionieren über Ähnlichkeiten. In der Welt der Beleidigung sind es – Überraschung! – nicht unbedingt löbliche Ähnlichkeiten.* Wenn ich jemanden «dumm wie einen Esel» nenne, arbeitet dieser beleidigende Vergleich mit den Eigenschaften, die wir dem Esel als Symbol in unserer Kultur zuschreiben.

Bei der Metapher geht es darum, verschiedene Bedeutungsebenen miteinander in Beziehung zu setzen. Das ist manchmal kinderleicht, wie in unserem Beispiel «Der Präsident ist ein Arsch!». Der Arsch gehört als vulgärer Ausdruck für den menschlichen Hintern zu einem der beiden großen Bildbereiche beleidigender Rede: dem Fäkalen.

Der andere Bildbereich ist natürlich das Sexuelle. «Der

---

* Apropos Lob. Das Lob steht der Beleidigung entgegen. Wer lobt, will den anderen erhöhen. Die Beleidigung will den anderen erniedrigen.

Präsident ist ein Wichser!» gehört definitiv in diesen Bereich.

Der Wahrheitsgehalt solcher Standardbeleidigungen ist wiederum nebensächlich. Ausschlaggebend ist es, jemandem die Meinung zu geigen. Oder vielmehr: jemandem den ausgestreckten Mittelfinger ins Gesicht zu halten. Es geht weniger um Bedeutung, mehr um *Wirkung*.

Wir haben es in den genannten Fällen jedenfalls mit uneigentlicher Rede zu tun. Die Sachebene wird ausgeblendet. Denn es geht nicht um Fakten. Es geht darum, Meinungen stark zu kommunizieren.

Das funktioniert, weil wir Menschen andauernd in Bildern denken. Vergleiche und Metaphern werden verstanden, ohne dass wir groß nachdenken. Sie sind ein wesentlicher Teil unseres Sprechens und Denkens.

Noch einmal kurz zurück zu den Tierbildern. Wir nennen uns gegenseitig mitunter Schwein, Affe, Esel usw. – und das hat einen gewissen Unterhaltungswert. Eine ehemalige Lehrerin von mir nannte ihre Oberstufenschüler manchmal im scherzhaften Tonfall «Dackel» (vor allem per Sie: «Sie Dackel!»).[*]

Allerdings haben Tiermetaphern nicht nur eine lustige, verspielte Seite. Betrachten wir ein Beispiel. Lutz Bachmann hat Asylbewerber auf Facebook unter anderem als «Viehzeug» bezeichnet. Ich gehe nicht davon aus, dass Herr Bachmann ein großer Dudenleser ist. Dennoch schaue ich nach. Viehzeug. Umgangssprachlich für «Vieh, besonders Kleinvieh» und in abwertender Form für «als lästig empfundene Tiere».

Wer ist der Sprecher? Ein rechter Provokateur. Was ist der Kontext? Die Flucht ausländischer Menschen vor Krieg und Elend. Was tut Bachmann sprachlich, wenn er die Geflüchteten als «Viehzeug» beschimpft?

Menschengruppen als «Viehzeug» zu beschreiben entindividualisiert sie – es handelt sich vor allem um ein negatives Urteil über eine ganze Gruppe.

Erstens blendet eine solche Beleidigung den einzelnen Menschen aus. Man verteufelt alle Mitglieder einer Grup-

[*] Im Schwäbischen wird die Beleidigung «Dackel» in der Steigerung (!) zum «Halbdackel».

pe gleichermaßen. Aus dem schlichten Grund, dass sie der Gruppe X zugehörig sind.*

Zweitens entmenschlicht ein solcher Satz die beleidigten Gruppenmitglieder. Diese Redeweise vom «Viehzeug», – unter Berücksichtigung aller Begleitumstände! – vermittelt den Grundgedanken: Flüchtende Menschen sind keine Menschen. Sie sind mehr Vieh als Mensch.

Das widerspricht der Menschenwürde. Es ist Hassrede. Die Amerikaner nennen das: hate speech. Bachmann wurden wegen dieser und weiterer Aussagen der Volksverhetzung schuldig gesprochen und zu 9600 Euro Geldstrafe verurteilt.[4]

Um zu erkennen, um was für eine Beleidigung beziehungsweise um was für eine Rede es sich handelt, ist der Gesamtzusammenhang wichtig. Wir als Menschen (und Gerichte als Institutionen) deuten nicht in erster Linie einzelne Sätze. Wir deuten Sinnzusammenhänge. Kontexte. Situationen.

Aber was, wenn der Inhalt der Beleidigung nun mal die eigene Meinung ist? Immerhin herrscht hier Meinungsfreiheit!

Wir sind an einem kritischen Punkt angelangt. Den Grenzen freier Rede.

---

* Wenn ich «du Esel» sage, bist du immer noch ein Du. Ein Individuum.

«Das Grundrecht auf freie Meinungsäußerung ist als unmittelbarster Ausdruck der menschlichen Persönlichkeit in der Gesellschaft eines der vornehmsten Menschenrechte überhaupt. Für eine freiheitlich-demokratische Staatsordnung ist es schlechthin konstituierend, denn es ermöglicht erst die ständige geistige Auseinandersetzung, den Kampf der Meinungen, der ihr Lebenselement ist.»

BVerfG, Beschluss des Ersten Senats
vom 15. Januar 1958.[5]

FICK DICH, MEINUNGSFREIHEIT:
WAS MAN SAGEN DARF

Was ist in unserer Gesellschaft sagbar? Was nicht?

Ein wesentliches Merkmal einer freien Gesellschaft ist die Möglichkeit freier Rede. Dass ich sagen und schreiben kann, was ich denke. Ohne Strafe zu fürchten. Das ist eine Errungenschaft und keineswegs selbstverständlich.

Denn totalitäre Staaten verfahren genau umgekehrt. Sie überwachen die Meinungen ihrer Bürger. Wer von der offiziellen Linie abweicht, muss mit Strafe rechnen. Zensur, Erpressung, Knast. Oder noch schlimmer. So war es im Dritten Reich und der DDR, so ist es heute z. B. in China, und so wird es offenbar immer mehr in der Türkei.

Demokratie finden wir deswegen eher gut und ihre Gegenteile eher nicht. Demokratische Gesellschaften sind nämlich ziemlich freiheitsliebende Gesellschaften.

Die freie Rede einzuschränken ist insofern absolut fucking antidemokratisch.

Hierzulande sichert das Grundgesetz (GG) unsere Meinungsfreiheit.

«Jeder hat das Recht, seine Meinung in Wort, Schrift und Bild frei zu äußern und zu verbreiten

und sich aus allgemein zugänglichen Quellen ungehindert zu unterrichten. Die Pressefreiheit und
die Freiheit der Berichterstattung durch Rund-
funk und Film werden gewährleistet. Eine Zensur
findet nicht statt.»

Artikel GG 5 Absatz 1 der Grundrechte

Da steht es also: Man kann alles frei sagen. Mündlich oder
schriftlich, öffentlich oder privat. Alles geht. Frei und uneingeschränkt. Richtig?

Falsch.

Das Grundrecht auf Meinungs- und Pressefreiheit ist in
der Tat eines unserer höchsten Güter. Es unterliegt beson-
derem Schutz. Uneingeschränkt gültig ist es deswegen nicht.

Seine Einschränkung folgt direkt im zweiten Absatz von
Artikel 5 des Grundgesetzes. Steht genau daneben, wird
aber weniger häufig zitiert. Dort heißt es: «Diese Rechte
finden ihre Schranken in den Vorschriften der allgemeinen
Gesetze, den gesetzlichen Bestimmungen zum Schutze der
Jugend und in dem Recht der persönlichen Ehre.»

Jetzt kommt die Preisfrage: Was greift die persönliche
Ehre einer Person besonders an?

Tipp: Es fängt mit B an und ist Gegenstand dieses Buches.

Gesetzlich geschützt ist also nicht nur die Meinung eines jeden Bürgers. Auch seine *Ehre*. Darüber hinaus gelten
die allgemeinen Gesetze. Somit findet die Meinungsfreiheit bereits im Grundgesetz ihre Schranken. Ferner regelt
§ 185 des Strafgesetzbuches den strafrechtlichen Ehren-

schutz. Das ist der Beleidigungsparagraph, den wir bereits kennen.

Also raus mit der Sprache: Wo hört die Meinungsfreiheit auf? Wo fängt der Ehrenschutz an? Keine einfachen Fragen. Die Antwort hierauf wird immer wieder ausgehandelt – von den Rechtsprofis, das heißt den Gerichten.

Wichtig: Wir sind jetzt im juristischen Bereich der Beleidigung. Wenn ich deine Kochkünste für eine Zumutung oder deine Frisur für einen Witz halte, kannst du dir den Gang zur Polizei sparen. Eine Anzeige wegen Beleidigung wird eher keinen Erfolg haben. Auch wenn dir meine Meinung weh tut.

Beleidigungen, die dich als Person und somit *deine Ehre* angreifen, kannst du hingegen anzeigen. Dabei handelt es sich jedoch nicht um Kleinigkeiten. Es muss etwas Schwerwiegendes vorgefallen sein, das öffentlich kränkt.

Bei der Bearbeitung solcher Sachverhalte stellen Juristen ähnliche Überlegungen an wie wir. Wer hat was zu wem gesagt? Wie wurde es kommuniziert? Was ist der soziale Kontext? Wurde jemand *nachvollziehbar* gekränkt?

Der Unterschied zwischen einer Beleidigung und einem nicht strafbaren Werturteil ist – im juristischen Sinne – für uns Laien nicht immer leicht zu erkennen. Teilweise sind beleidigende Äußerungen durchaus zugelassen. So erlaubte das Bundesverfassungsgericht, dass Exbundespräsident Gauck die Anhänger des rechten Spektrums als «Spinner» bezeichnet hat – wogegen die NPD geklagt hatte. Es ist auch nicht grundsätzlich und immer strafbar, einen Staatsanwalt als «durchgeknallten Staatsanwalt» zu bezeichnen, noch ist es an sich strafbar, wenn ein Stadtratsmitglied einen Amtskollegen «Dummschwätzer» nennt.[6]

Das sind alles echte Fälle, in denen die Gerichte im Sinne des Beleidigers entschieden – unter Berufung auf die Meinungsfreiheit. Es kommt ganz auf den Zusammenhang an.* Ähnlich darf Exsportfunktionär Theo Zwanziger weiterhin ungestraft von Katar als dem «Krebsgeschwür des Weltfußballs» sprechen. Ob Katar das gefällt oder nicht. Die deutsche Justiz stellte sich in diesen Fällen auf die Seite der Angeklagten.

Alles umstrittene, aber gerichtlich als legitim beurteilte Fälle von Meinungsfreiheit.

Es verhält sich ähnlich wie mit der Altweibersommer-Dame: Es reicht nicht aus, gekränkt zu sein.

Eine Meinung, die beleidigende Aspekte enthält, darf grundsätzlich öffentlich kundgetan werden. Zum Glück. Wäre dies nicht der Fall, hätten wir eine Maulkorbgesellschaft.

Bei Äußerungen kommt es jedoch immer auf den Kontext an. Es geht um die Abwägung von Gütern. Dem Gut der Meinungsfreiheit einerseits und dem Gut der persönlichen Ehre andererseits.

Der Rapper Bushido musste vor einigen Jahren € 10 500 Strafe zahlen, weil er einen Polizisten bei einer Vekehrs-

---

* Wer einen Staatsanwalt kennt und sich nun ermutigt fühlt, ihn als «durchgeknallt» zu bezeichnen, soll sich bitte nicht auf mich berufen.

kontrolle «Hampelmann» nannte. In der Wortwahl vergleichsweise harmlos, allerdings nicht mehr im Rahmen seiner Meinungsfreiheit.[*]

Die Meinungsfreiheit ist also *sowohl* ein wesentliches Merkmal einer demokratischen Gesellschaft *als auch* nicht schrankenlos.

Meine Freiheit endet dort, wo deine beginnt. Die Umstände bestimmen.

Blöd nur, dass man Übergriffe in der Meinungsfreiheit nicht *sehen* kann – im Gegensatz zu einem körperlichen Übergriff. Eine Ohrfeige oder einen Faustschlag sieht man nicht nur, sondern man sieht auch die Folgen. Bei verletzenden Meinungsäußerungen ist das anders. Um Meinungen zu «sehen», müssen wir Inhalte begreifen, Bedeutungen verstehen und Zusammenhänge beurteilen.

Es ist deswegen wichtig, genau hinzuschauen, wer was in welchem Zusammenhang zu wem sagt. Und: in welchem Tonfall.

Klar ist jedenfalls: Beschränkt werden Meinungsäußerungen. Man muss das, was man denkt, irgendwie kundtun. Die Gedanken sind freier als die Münder. Es geht um wahrnehmbare Kommunikation. Die Meinung, die man auch wirklich sagt. Nicht die, die irgendwo im Kopf ist.

---

[*] «Beamtenbeleidigung» gibt es übrigens nicht. Man liest viel von Beleidigungsfällen mit Polizisten, weil diese erstens oft beleidigt werden und zweitens Beleidigungen häufiger anzeigen als Nichtpolizisten.

Seitdem es das Internet und vor allem die sozialen Netzwerke gibt, hat zum Glück so gut wie jeder Mensch die Möglichkeit, seine Ansichten flächendeckend mitzuteilen. Das ist gut, denn Demokratie bedeutet Meinungs*vielfalt*. Dass Meinungsvielfalt wünschenswert ist, bedeutet aber nicht, *dass jede Einzelmeinung wünschenswert ist*. Im Gegenteil. Die Leute labern jede Menge Unsinn. Den Großteil davon kann man sich guten Gewissens sparen.

Nichtsdestoweniger ist das ein Kern unserer Gesellschaft: Frei reden zu *können*. Es sich zu trauen. Besser noch: Gar nicht darüber nachdenken zu müssen, ob man sich traut, X, Y oder Z zu sagen – weil keine ernsthaften Konsequenzen zu befürchten sind. Sich etwas trauen kann man nämlich nur im Fall eines Risikos.

Freie Rede bedeutet: relative Risikolosigkeit.

Wenn selbst beleidigende Meinungsäußerungen mitunter von der Meinungsfreiheit gedeckt sind, was sind dann bitte schön die Grenzen des Sagbaren?

Nicht erlaubt ist zum Beispiel Schmähkritik.

Eine Schmähkritik ist nicht einfach jede Beleidigung, sondern spezifisch dadurch gekennzeichnet, dass nicht mehr die Auseinandersetzung in der Sache, sondern die Diffamierung der Person im Vordergrund steht.

BverfG, Pressemitteilung Nr. 77/2012

Die Beleidigungen beziehungsweise die als Beleidigungen empfundenen Äußerungen, welche wir oben beispielhaft besprochen haben, wurden deswegen von Gerichten in den schützenswerten Bereich der Meinungsfreiheit eingeordnet, weil sie eine *Sachebene* haben. Als Exbundespräsident Gauck vor den «Spinnern» von der NPD warnte, dann hat er diese Wortwahl verwendet, um seinen rechtsstaatlich geschützten Standpunkt zu untermauern. Die Äußerungen waren im Kontext einer Diskussion mit Schülern gefallen – vor dem Hintergrund neuer rechtsradikaler Entwicklungen in Deutschland. Also dem Land, das den Nationalsozialismus und seine Verbrechen zu verantworten hat.

Die NPD klagte gegen den Ausdruck «Spinner». Das Bundesverfassungsgericht urteilte zugunsten des damaligen Bundespräsidenten. Gauck habe den Ausdruck «Spinner» nämlich verwendet «als Sammelbegriff für Menschen, die die Geschichte nicht verstanden haben und, unbeeindruckt von den verheerenden Folgen des Nationalsozialismus, rechtsradikale – nationalistische und antidemokratische – Überzeugungen vertreten».[7]

Das ist die Sachebene.

Das Bundesverfassungsgericht hätte vermutlich anders geurteilt, hätte der Exbundespräsident lediglich «NPDler sind Spinner» getwittert.[*]

---

[*] Ich wähle das Twitterbeispiel, weil sich Twitter gut für kurze, isolierte Äußerungen eignet.

Im Fall des Ex-DFB-Präsidenten Theo Zwanziger, der Katar ein «Krebsgeschwür des Weltfußballs» nannte, urteilte das Landgericht Düsseldorf auch im Sinne von Zwanzigers Meinungsfreiheit – und wies die Klage des katarischen Fußballverbandes ab. Diese Kritik enthalte zwar ein «beleidigendes Werturteil», sei aber erlaubt. Es handelte sich in den Augen des Gerichts nicht um Schmähkritik.[8]

Zusammenhang ist die an Katar vergebene Fußballweltmeisterschaft 2022. Diese stand aus diversen Gründen in der Kritik, aber vor allem wegen lokaler Menschenrechtsverletzungen und Korruptionsvorwürfen.

Das ist die Sachebene.

Oft sind solche Fälle von der Meinungsfreiheit gedeckt, die zwar beleidigen, aber sachlich begründet und gleichzeitig in der Wortwahl nicht allzu drastisch sind. Das nennt man auch Kritik. Kritik bezieht sich auf einen sachlichen Zusammenhang. Auf ein *Thema*.

Eine Schmähkritik ist hingegen eine Äußerung, die in erster Linie beleidigt und diffamiert. Es geht dem Sprecher dabei weniger um das sachliche kritisieren – und mehr um das Schmähen eines *Menschen*.

schmähen

Wortart: schwaches Verb
Gebrauch: gehoben
Worttrennung: schmä|hen
Bedeutung: mit verächtlichen Reden beleidigen, beschimpfen, schlechtmachen

Der Duden

Sachliche Kritik kann uncharmant sein. Vor allem für den, der kritisiert wird. Sachliche Kritik kann auch beleidigend sein. Sachliche Kritik ist allerdings niemals *ausschließlich beleidigend.*

Wer sich auf unsachliche Weise angegriffen und persönlich in seiner Ehre gekränkt sieht, sollte vielleicht tatsächlich vor Gericht ziehen.

Das Gericht fragt sich dann, was vorliegt und wessen Rechte im Einzelfall überwiegen. Ist es freie Meinungsäußerung? Beleidigung? Schmähkritik?

Ein Fickdich ohne Deutungsrahmen, der ein Fickdich auch nur im Ansatz rechtfertigen würde. Genau das ist Schmähkritik.

Aber vielleicht ist das schon bekannt. Dieser juristische Begriff wurde nämlich 2016 plötzlich Teil der Populärkultur. Schuld war, wie so oft, Jan Böhmermann. Am 31. März 2016 wurde eine Folge seiner Sendung *Neo Magazin Royale* ausgestrahlt, in der Böhmermann ein Gedicht namens *Schmähkritik* vortrug.

Die mittlerweile als Böhmermann-Affäre bekannte Kontroverse zog internationale Kreise. Sie beschäftigte Gerichte, Diplomaten, Juristen und diverse *Tagesschauen*, zahllose selbsternannte Meinungsfreiheitsverteidiger und ebenso viele Hobbyjuristen.

Was war los im Frühling 2016?

Die Vorgeschichte: Der türkische Präsident Erdoğan wurde in einer März-Ausgabe der Satiresendung *extra 3* ein wenig veräppelt. Das Lied *Erdowie, Erdowo, Erdoğan* hatte satirischen Bezug auf den türkischen Präsidenten genommen. Kein Problem, würde man denken. Im Anschluss an die Ausstrahlung wurde allerdings der deutsche Botschafter in der Türkei einbestellt.[*]

Während die türkische Regierung um Erdoğan das Lied als Provokation sah, verstand man in Deutschland wiederum die Einbestellung des Botschafters als Provokation – und als Eingriff in die Kunst- und Meinungsfreiheit.

Dann ging der Spaß erst richtig los.

Ganz im Sinne der Meinungs- und Pressefreiheit fragten sich die Macher des *Neo Magazin Royale* offenbar: Was dürfen wir eigentlich? Und was nicht? Aber vor allem: Wie verarschen wir Erdoğan *so richtig*?

Jan Böhmermann verlas also ein Gedicht namens *Schmähkritik*.

Was dann folgte, war sackdoof, feige und verklemmt.

Und gleichzeitig der Urknall der Böhmermannaffäre.

Das Gedicht selbst? Kann ich es noch mal zitieren? Für alle, die es vergessen haben oder vielleicht auch gar nicht zur Kenntnis genommen haben, damals, im Frühling anno 2016?

Langer Rede kurzer Sinn: Lieber nicht.

Das Gedicht darf auch in diesem Buch nicht reproduziert (lies: zitiert) werden.

---

[*] Botschafter sind wie ungezogene Kinder. Man ruft sie herbei und scheißt sie zusammen.

Jan Böhmermann hat es tatsächlich geschafft. Ganz im Sinne seiner Ankündigung hat er in fraglicher Sendung mit seinem Gedicht *Schmähkritik* die Grenzen der Meinungsfreiheit und Kunstfreiheit ein wenig verlassen und den problematischen Bereich der, nun ja, Schmähkritik betreten.

Genau das hat sein Text nämlich getan: diffamiert, beleidigt.

Ein aus 24 Versen bestehender Mittelfinger.

Neugierig, ja?

Tja.

Zitieren darf ich es wie gesagt nicht.

An einer Andeutung des Textinhalts kann mich allerdings niemand hindern. Nun denn. Das Spektrum des Gedichts *Schmähkritik* umfasst unter anderem: stinkende Genitalien, Döner, Sex mit diversen Wiederkäuern, Pädophilie, kleine Hoden, Homosexualität, einen Schwanzvergleich mit einem Schweinefurz, Geschlechtskrankheiten, Perversität, Läuse, Gewalt gegen Mädchen und die gemeinsame Nennung in einer Reihe mit Entführern und Vergewaltigern.

Klingt nicht sehr schmeichelhaft?

Eben.

Genau darum ging es!

Das Gedicht hatte keine Sachebene. Das Gedicht *Schmähkritik* scheint eine lupenreine Schmähkritik zu sein. Eine bodenlose Frechheit. Die absichtsvolle Beleidigung eines Menschen. Im Satirekontext, aber dennoch. Ziel war «nicht mehr die Auseinandersetzung in der Sache, sondern die Diffamierung der Person».[*]

Man könnte sagen: Mission erfüllt.

Natürlich zog Erdoğan vor Gericht.

Um einen positiven Aspekt der ganzen Sache vorwegzunehmen: Noch nie zuvor haben sich in der jüngeren Geschichte der Bundesrepublik so viele Menschen gleichzeitig mit Lyrik beschäftigt. Irgendeinen Bildungsauftrag hat Jan Böhmermann 2016 also sicherlich erfüllt.

Vielmehr wurde aber zum gesellschaftlichen Thema, was sein Gedicht wiederum zum Thema hatte. Nämlich das Sagbare und das Unsagbare. Die Meinungsfreiheit und ihre Grenzen. Kunstfreiheit.

Was Böhmermann tat, war eine kalkulierte Provokation, die im Gesamtkontext von Kunst und Satire einzuordnen ist. Böhmermann hat Erdoğan, bildlich gesprochen, richtig schön gegen den Präsidentenpalast gepisst. Seine Aktion mit dem Beleidigungsgedicht war alles in allem von deutscher Kunst- und Meinungsfreiheit gedeckt. Trotzdem ist die Wiederholung bestimmter Passagen dieses Gedichts untersagt worden – zumindest nach dem Urteil des Landgerichts Hamburg aus dem Februar 2017.[9]

Erdoğan muss die zahlreichen beanstandeten Stellen laut diesem Urteil nicht mehr hinnehmen.

* Definition von Schmähkritik des Bundesverfassungsgerichts.

Die Kunstfreiheit – so das Gericht – sei nach dem Bundesverfassungsgericht zwar vorbehaltlos, aber nicht schrankenlos. Wenn sie mit anderen Werten wie dem verfassungsrechtlich geschützten allgemeinen Persönlichkeitsrecht kollidiere, auf das sich auch der Kläger als Ausländer berufen könne, so bedürfe es einer Abwägung. Hierbei sei zu beachten, dass Satire einen großen Freiraum beanspruchen dürfe. Auch eine durch die Kunstfreiheit geschützte Satire könne jedoch das allgemeine Persönlichkeitsrecht des Betroffenen so in seinem Kernbereich berühren, dass sie zu untersagen sei.[10]

Pressemitteilung des LG Hamburg vom 10. Februar 2017

Insgesamt war es ein interessanter Coup von Böhmermann. Er ist absichtlich ausfällig geworden – allerdings im satirischen Kontext, bei der Ausübung seines künstlerischen Berufes. Er hat sich, wie offenbar von Anfang an intendiert, weit in die Grauzonen der Meinungsfreiheit, Pressefreiheit und Kunstfreiheit vorbewegt; hinein ins Problematische, an die Grenzen des Sagbaren. Jan Böhmermann hat beleidigt, auf jeden Fall im kommunikativen Sinne, aber letztendlich nicht in einem strafbaren juristischen Sinne. Es ist einem großen Publikum deutlich geworden, was ein Rechtsstaat kann und ein Rechtsstaat tun muss – nämlich Handlungen in Zusammenhänge einordnen, die Wirklichkeit mit der

Gesetzeslage abgleichen und prüfen, ob etwas vorgefallen ist, woraus Ansprüche erwachsen. Ob gar Sanktionen fällig sind. All dies war hier nicht der Fall.

Unsere jeweilige persönliche Meinungsfreiheit findet somit ihre Grenzen, wenn die Rechte unserer Mitmenschen beschränkt werden. So wie meine Ehre gesetzlich geschützt ist, ist es auch deine. Das gilt für jeden gleichermaßen. Was das Ansehen der Person angeht, ist Justitia blind. Vor dem Gesetz ist man bekannterweise gleich. Allerdings ist Justitia nicht taub. Also sollten wir nicht zu beleidigend zueinander sein, weil das sonst in dem einen oder anderen Beleidigungsprozess enden könnte.

Neben juristischen Grenzen gibt es moralische Grenzen dessen, was man sagen kann, darf oder sollte. Moralische und juristische Grenzen einer Gesellschaft sind nie gänzlich unabhängig voneinander: Immerhin verbietet der Gesetzgeber Beleidigung, Volksverhetzung und Diskriminierung usw. nicht aus Willkür – weil man halt irgendwas verbieten muss –, sondern deswegen, weil solche Formen der sozialen Interaktion problematisch sind. Auf moralischer Ebene problematisch.

Wir hören und lesen jeden Tag die Meinungen unserer Mitbürger über die Welt. Nicht alles gefällt uns. Manches empört.

Die Böhmermann-Affäre hat viele Menschen empört – ganz unabhängig von ihrer Strafbarkeit oder sonstigen juristischen Wertung. Aber darin liegt sicherlich auch ein Wert solcher Kontroversen: Wir müssen uns darüber klarwerden, was wir hinnehmen wollen. Welchen Umgang wir untereinander tolerieren können. Es ist ein gesellschaftliches Verhandeln darüber, wo die Freiheit von Person X aufhört, weil an jener Stelle die Freiheit von Person Y beginnt.

Unsere jeweilige persönliche Meinungsfreiheit findet somit auch ihre Grenzen, wenn unsere Mitmenschen widersprechen. Man kann unverschämt sein, beleidigen, verletzen – und juristisch gesehen ist das noch vom Recht zur freien Rede gedeckt (käme man denn vor Gericht). Das heißt aber nicht, dass man sich Freunde macht, indem man sich wie ein Scheusal benimmt.

Selbst durch seine satirische Beleidigungsorgie: Jan Böhmermann stand nicht nur stark in der Kritik, sondern zeitweise sogar unter Polizeischutz. Es gab Drohungen.

Beleidigungen können heftige Reaktionen hervorrufen.[*]

Oft heißt es dann, es gebe keine Meinungsfreiheit mehr in Deutschland, weil man X, Y oder Z ja angeblich nicht mehr sagen darf. Die Sache ist: Oft sind das ganz schreckliche Dinge, die Leute denken – und auch gerne sagen würden. Gruppenbezogene Menschenfeindlichkeit, Kollektivbeleidigungen, neonationalistisches Geplapper und und und. Zeug, das Spinner sagen.

Dennoch: Auch Spinner genießen Meinungsfreiheit.

Die Ironie an der Sache: Gerade solche Leute proklamieren gerne, man dürfe zum Beispiel nicht mehr «Alle Flüchtlinge sind kriminell» (oder ähnlichen Schwachsinn) sagen.

---

[*] «Provozieren» heißt genau das: hervorrufen.

Das sagen sie, *während* sie das sagen. Frei und ungehindert. Verwirrend? Ähmja.

Wenn man den Das-wird-man-doch-wohl-noch-sagen-Dürfern widerspricht, heißt es: «Meinungsfreiheit, Meinungsfreiheit, MEINUNGSFREIHEIT!!!»

Was Meinungsfreiheit wirklich ist oder wie sie funktioniert, ist ihnen grundsätzlich egal. «Meinungsfreiheit» ist einfach ihre Trumpfkarte für alles.

Diese Menschen missverstehen oft zweierlei. Erstens missverstehen sie, wie weit Meinungsfreiheit in Deutschland geht – und sind dann überrascht, wenn jemand für seine zum Beispiel menschenfeindlichen Aussagen vor Gericht zur Verantwortung gezogen wird. Zweitens scheinen viele Das-wird-man-doch-wohl-noch-sagen-Dürfer zu glauben, seine Meinung zu sagen bedeute «seinen kontroversen Standpunkt <u>unwidersprochen</u> hinausposaunen zu können». Das. Ist. Nicht. Der. Fall. Zur Rede gehört Gegenrede. Zu deiner Meinung gehört meine Meinung. Freie Rede gilt nämlich für alle. Das ist in Deutschland und zum Beispiel auch in den USA so.

Doch es gibt Unterschiede in der freien Rede, auch zwischen freiheitsliebenden Gesellschaften.

In den USA geht *freedom of speech* tatsächlich weiter als Meinungsfreiheit. Während in Deutschland die allgemeinen Gesetze und insbesondere das Persönlichkeitsrecht anderer Personen (als Grundrecht) die eigene Meinungsfreiheit einschränken, ist dies in den USA explizit nicht der Fall. Der 1. Zusatzartikel der Verfassung der Vereinigten

Staaten von Amerika verbietet eine solche Einschränkung sogar explizit.

Statt auf ein Verbot oder eine Bestrafung bestimmter Äußerungen setzt man in den USA nicht nur auf die Möglichkeit freier Rede, sondern schützt sogar die Möglichkeit radikaler Rede. Die Grenzen zwischen *freedom of speech* und *hate speech* sind somit fließend. In den USA darf man mitunter den Holocaust leugnen, gegen den Islam hetzen oder Homosexualität verteufeln.

Die christlichen Extremisten um die Westboro Baptist Church beispielsweise nutzten vor einigen Jahren ihre Meinungsfreiheit bis zum Maximum. Neben allerlei anderen Hässlichkeiten sind sie, als Reaktion auf die wachsende Akzeptanz von Homosexualität in Gesellschaft und Armee, mit Protestschildern in der Nähe einer Beerdigung aufgetaucht.

Die Anhänger rund um Hassprediger Fred Phelps erschienen zum Begräbnis des im Einsatz gestorbenen homosexuellen Soldaten Matthew Snyder. Sie trugen Protestschilder, auf denen Dinge standen wie «fag troops» (Schwuchteltruppe), «You're going to hell» (Ihr landet in der Hölle) und «God hates you» (Gott hasst euch). Im späteren Gerichtsprozess, Snyder v. Phelps (2011), in dem der Vater des verstorbenen Soldaten – Albert Snyder – gegen Phelps klagte, urteilten die Richter zugunsten der freien Meinungsäußerung der radikalen Christen.

Wow.

So weit kann freedom of speech gehen. Bis über die Schmerzgrenze hinaus.

In unserer Gesellschaft sind die Grenzen enger gesetzt.

Diejenigen von uns, die in Deutschland also laut «Meinungsfreiheit!» schreien, nachdem man sie zum Beispiel für menschenfeindliche Aussagen zurechtweist, sind insofern Möchtegernamerikaner. In Deutschland ist die Rechtslage schlichtweg anders. Hier wiegen die Grundrechte von Personen schwerer als die freie Rede, die sich gegen andere Personen richtet.

Und das ist grundsätzlich auch ganz gut so. Wenn Gesetze etwas schützen sollen, dann doch wohl die Menschen und ihr Miteinander in der Gesellschaft. Dass verbale Aggression irgendwann strafbar wird, ist genauso einleuchtend wie die Tatsache, dass körperliche Aggression irgendwann strafbar wird.

Zu viel Gewalt belastet eine Gesellschaft. Ob es sich nun um körperliche oder verbale Gewalt handelt.

Deutschland ist jedenfalls kein wilder Westen für Maulhelden.

Höchstens: in der Kunst.

Das Böhmermann-Gedicht ist nur ein Fall von vielen Fällen, in denen Beleidigungen und Kunst unzertrennbar zusammenhängen. Ein anderer wichtiger Fall ist Rapmusik. Genauer gesagt: Battle-Rap.

Battle-Rap ist strukturell zu vergleichen mit einem Boxkampf vor Publikum. In der Live-Variante stehen sich zwei Gegner gegenüber. Jeder will sich als der Stärkere beweisen. In aufgenommenen Battle-Rap-Liedern ist der Gegner entweder eine konkrete Person oder ein abstraktes «Du».

Bei einem Rap-Battle wird nicht geboxt. Zumindest nicht mit Fäusten. Stattdessen wird *beleidigend* gesprochen. Man erhöht sich selbst, indem man den anderen erniedrigt. Typischerweise in Reimform. Entweder zum Takt eines Beats oder ohne, also a cappella.

Ganz wichtig: Die Beleidigungen sind *nicht ernst gemeint*.

Battle-Rap ist nämlich vor allem eins: Musik. Und Musik ist Kunst – und fällt als solche in den Bereich der Kunstfreiheit.

Der Unterschied zwischen einer echten Beleidigung und einer Beleidigung in einem Raplied ist vergleichbar mit dem Unterschied zwischen einem Boxkampf und einer Prügelei. Das eine ist Sport, das andere ist Gewalt. Der Unterschied liegt jeweils im Zusammenhang. Aus dem Kontext leiten wir ab, worum es sich handelt.

Wenn es von außen auf den Laien sehr ähnlich wirkt, dann deshalb, weil ein Laie zu wenig weiß, um Boxkampf von Prügelei oder Rapmusik von echter Beleidigung zu unterscheiden. Bei genauer Betrachtung sieht man deutliche Unterschiede. Eine Prügelei hat keine Regeln. Ein Boxkampf schon. Bei Battle-Rap ist es ähnlich. Es gibt Regeln, Techniken, Traditionen. Und na ja, es ist eben M-U-S-I-K.

Die Summe dieser sozialen Komponenten bilden den Gesamtzusammenhang. Deswegen unterscheidet sich ein «Fick deine Mutter!» in einem Raplied von einem herkömmlichen «Fick deine Mutter!». Der Kontext ist ein anderer.

Battle-Rap ist ein Beleidigungssport.

Eine gut gesetzte Beleidigung kann sicherlich treffen wie ein Schlag. Wie beim Schlagen kommt es allerdings nicht nur darauf an, einen guten Schlag zu beabsichtigen. Ich kann natürlich beabsichtigen, gut zu treffen – und schlage dennoch daneben. So ist es auch beim Battle. So ist es bei Beleidigungen allgemein. Ohne Treffer keine Verletzung.

> *Deine Mutter steht in der Küche*
> *und schmiert Butterstullen*
> *Danach gibt's Knüppel*
> *in die Schmuckschatulle*
> – MORLOCKK DILEMMA

Doch auch Kunstfreiheit kennt Grenzen, ähnlich wie die Meinungsfreiheit. Man kann nicht einfach eine echte Person in einem Raplied in Grund und Boden beleidigen – und sich dann mit der Argumentation herausreden, das sei alles zu erdulden, weil Kunst. Auch hier schützt das Grundgesetz die Persönlichkeitsrechte eines jeden Menschen.

Es kommt immer auf die Einzelheiten an.

Auch hier gibt es Grenzen. «Zensur» gibt es höchstens im Nachhinein. Der Staat kann ein Kunstwerk illegalisieren. Aber erst nach seiner Veröffentlichung und vor allem erst *nach einer gründlichen Prüfung.*

Das sind die Vorzüge des Rechtsstaats. Ein genaues Hinschauen. Kein willkürliches Verbieten.

Im Zweifel geht die Kunstfreiheit übrigens sehr weit. In seinem Song *Stress ohne Grund* rappt Bushido Zeilen wie

«Ich will, dass Serkan Tören jetzt ins Gras beißt» und «Ich schieß auf Claudia Roth und sie kriegt Löcher wie ein Golfplatz». Die Staatsanwaltschaft wurde aktiv, der Song wurde indiziert – und die Indizierung in einer späteren Entscheidung wieder aufgehoben. Weil der Kunstkontext entscheidend ist und sich solche Äußerungen in einem Rapsong eben doch deutlich von «normalen» Beleidigungen oder Drohungen unterscheiden.

Kunst genießt einen besonderen Schutz.

Insofern ähnelt der staatliche Umgang mit «dreckigen» Rapliedern der Handhabung der Böhmermann-Affäre. Um zu entscheiden, was unter die Meinungs- oder Kunstfreiheit fällt und was nicht, müssen alle Umstände und Aspekte bei der Beurteilung berücksichtigt werden. Wenn die Grenzen des guten Geschmacks überschritten werden, werden nicht notwendigerweise die Grenzen des Rechts überschritten. Egal was du oder deine Mutter davon halten.

Abschließend kann man sagen, dass die persönliche Meinung eines Menschen in Deutschland geschützt ist. Meinungsfreiheit ist nämlich nicht nur ein Grundrecht, sondern «schlichtweg konstituierend» für unsere Gesellschaft, wie das Bundesverfassungsgericht schreibt.

Allerdings werden auch die Ehre und das Ansehen von Menschen durch deutsche Gesetze geschützt. Man muss sich nicht alles gefallen lassen. Es kann zum Konflikt kommen: Meine Meinung, deine Ehre. Meine Meinung, andere Gesetze. Die Meinungsfreiheit ist nahezu ausufernd – aber keineswegs grenzenlos.

BEAMTE, BULLEN, BASTARDE:
KANN MAN GRUPPEN BELEIDIGEN?

Eine persönliche Ehre hat jeder von uns. Wir teilen uns nicht eine (abstrakte) Ehre – nein, jeder hat *seine*. Was ist also mit Fällen, in denen Gruppen *kollektiv* beleidigt werden? Altkanzler Schröder nannte mal (alle) Lehrer «faule Säcke». Was passiert bei solchen Aussagen? Kann es eine Art Gruppenehre geben, die man per Beleidigung verletzt? Wie funktionieren beleidigende Aussagen über Gruppen?

In der Regel beleidigen Personen andere Personen. Ich zeige dir den Vogel, du nennst mich «Arschloch».[*]

Ich. Du. Niemand sonst.

Doch im Fall von Bachmann, der Flüchtlinge als «Viehzeug» bezeichnet, oder im Fall von Gauck, der NPDler «Spinner» nennt, richten sich die Äußerungen eines Einzelnen nicht nur gegen *einen* Menschen – sondern gegen viele.

In seiner radikalen Ausprägung wenden sich solche Aussagen gegen eine Gruppe *in ihrer Gesamtheit.*

(Alle) Flüchtlinge sind Viehzeug.

Alle Soldaten sind Mörder.

---

[*] Für wechselseitig begangene Beleidigungen gibt es sogar einen eigenen Paragraphen (§ 199 StGB).

ACAB – All Cops Are Bastards.

Wie verhält es sich da? Der gesunde Menschenverstand sagt: Was für den Einzelnen strafbar ist, muss für eine Menge von Menschen ebenso strafbar sein.* Vielleicht ist die Situation noch heikler, immerhin beleidigt man deutlich mehr Menschen.

Ist es rechtlich so? Nicht immer.

Halten wir uns das bekannte Beispiel ACAB vor Augen. Diese Abkürzung ist seit Jahrzehnten in diversen Gruppen beliebt, um die eigene Ablehnung gegenüber der Polizei kundzutun. Kommunikativ gesehen bezeichnet man mit diesem – natürlich vor allem unter Polizisten! – bekannten Kürzel *alle Polizisten als Bastarde.*

Schon oft stand das Kürzel ACAB im Zentrum von Beleidigungsprozessen. Die genauen Umstände sind jeweils verschieden. Der kommunikative Inhalt der Äußerung ist jedoch in allen ACAB-Fällen gleich. Für alle X gilt, sie sind Y. In diesem Fall ist X die Menge aller Polizisten, und Y beschreibt die Eigenschaft, ein Bastard zu sein. Ein Bastard ist ein unehelich geborenes Kind. Das ist die *ursprüngliche* Bedeutung. Sie stammt aus einer Zeit, in der es als unmoralisch galt, Kinder ohne Trauschein in die Welt zu setzen. Heute heiraten weniger Menschen – und bekommen den-

---

* Wir bleiben vorerst weiter im Juristischen. Dass es erstens moralisch fragwürdig und zweitens sachlich falsch ist, Gruppen als Ganzes zu diffamieren, finde ich offensichtlich. Menschen unterscheiden sich. Gruppenmitglieder sind nie identisch.

noch Kinder. Technisch gesehen wimmelt es also nur so von Bastarden auf der Welt.

Doch sollten unverheiratete Freunde ein Kind bekommen, wäre es eher unhöflich, nach der Geburt zu fragen: «Ich hoffe, die Mutter und der kleine Bastard sind wohlauf?»

Der Bedeutungsinhalt des Wortes «Bastard» ist nämlich mittlerweile verblasst.

Zeiten ändern sich.

Sprachen ändern sich.

Geblieben ist die Funktion des Wortes «Bastard» – als Beleidigung.

Zurück zu ACAB. Man muss ACAB nicht *mündlich* kommunizieren, damit es kommunikativ im Raum steht. Sehr üblich sind ACAB-Schmierereien mit Edding oder Sprühdose, T-Shirts, auf denen ACAB steht oder auch Buttons, die man sich an die Jacke steckt.

Polizisten sehen das wiederum gar nicht gerne. Weder die ehelich noch die außerehelich geborenen. Im Gegenteil: Sie fühlen sich angegriffen. In ihrer Ehre.

Eine Strafanzeige wegen Beleidigung ist wohl ihr gutes Recht. Und hat auch gute Chancen auf Erfolg. Denkt man.

Das Oberlandesgericht Karlsruhe hat das mitunter anders gesehen.

Entschieden wurde über einen Fall, wo ein Banner mit der Aufschrift ACAB im Fußballstadion hochgehalten wurde. Ein Polizist fühlte sich beleidigt und zeigte es an – unter Berufung auf den Beleidigungsparagraphen (§ 185 StGB).

Doch dieser Fall von ACAB stellt keine strafbare Beleidigung nach § 185 StGB dar, weil «es an dem erforderlichen Maß an zahlenmäßiger Überschaubarkeit des betroffenen Personenkreises und Individualisierbarkeit der ihm zugehörigen Personen fehlt».[11]

Es ist unklar, wer *konkret* in dieser Situation beleidigt wurde.

Das mag überraschen. Sollte es jedoch nicht wirklich. Denn wie wir im Grundgesetz gesehen haben (Artikel 5 Absatz 2), ist das, was die Meinungsfreiheit einer anderen Person einschränken kann, die *persönliche* Ehre.

Das ist die juristische Perspektive. Auf philosophisch-kommunikativer Ebene hat hingegen eine abstrakte Beleidigung stattgefunden. Gegen alle Polizisten, die es gibt. Die Rechtsprechung kümmert sich aber primär um Menschen, nicht um Kollektive.

Hier teilt die Rechtsprechung die oben erarbeitete Sichtweise auf das Wesen von Beleidigungen: Sich-angegriffen-Fühlen reicht als Beleidigungsmerkmal nicht aus. Es geht auch um Nachvollziehbarkeit.

Die Gesamtheit aller Polizisten hat keine persönliche Ehre. Durch das Banner wurde niemand direkt angesprochen. Auch wenn derjenige Polizist, der die Anzeige erstattet hat, sich *angesprochen fühlte*. Der Juraprofessor Mark Zöller bringt das Gedankenbeispiel eines türkischen Polizisten, der das deutsche Fußballspiel per Fernsehübertragung aus der Türkei schaut.[12] Was ist mit ihm? Wird er beleidigt?

Nein. Jedenfalls nicht wesentlich. Auch wenn dieser Polizist sich gekränkt und angesprochen fühlt, wird er nicht hinreichend individuell angesprochen, um Rechtsansprüche geltend zu machen nach § 185 StGB. Das Banner im Stadion ist Hunderte Kilometer entfernt und richtet sich nicht gegen seine persönliche Ehre.[*]

Rechtlich gesehen muss jemand mehr oder minder direkt beziehungsweise persönlich angesprochen werden. Beleidigungen sind in der Regel *konkret* gegen jemanden. Manche Äußerungen sind zu abstrakt, um als konkrete Beleidigung zu gelten. Das macht auch aus philosophischer Perspektive Sinn.

Wird ein Mensch konkret angesprochen, sieht die Lage anders aus. Ich rate also davon ab, zu einem Polizisten zu gehen, ihm tief in die Augen zu schauen und «ACAB, Motherfucker!» zu rufen. Auch ohne den Motherfucker.

Beleidigungen richten sich immer gegen jemanden. Dazu gehört, dass man von außen sehen kann, wen sie (be-) treffen. Das liegt in der Logik der Beleidigung. Es muss ein Betroffener identifizierbar sein.

Ein anderes Beispiel. Ich bedrucke ein T-Shirt mit dem Schriftzug «Alle Bienenzüchter sind Hurensöhne». Das ist, analog zu ACAB, an sich eher nicht strafbar. Als Aufdruck.

Wenn ich damit zu einer Bienenzüchtertagung gehe, wird es brisant. Der zuvor unüberschaubare Personenkreis

---

[*] Mal davon abgesehen, dass Ausländer nicht immer nach deutschem Recht klagen können.

«personalisiert» sich. Wenn ich mich dann mit dem T-Shirt vor einem – oder auch drei – Bienenzüchtern aufbaue und stolz auf mein Shirt verweise, dann ist die Handlung strafbar im Sinne einer Beleidigung. Ganz abgesehen davon, dass ich mich wie das allerletzte Arschloch benehme.

Das musste auch der Regensburger Fußballfan feststellen, der sich mit einem T-Shirt, auf dem COPACABANA stand, vor zwei Polizisten präsentierte. Die Wortmitte war hervorgehoben. Immerhin originell.

Doch auch originelle Beleidigungen sind Beleidigungen. Diese Auffassung teilte auch das Amtsgericht Regensburg.[13] Weil der Fußballfan zwei Polizisten sein T-Shirt präsentierte und diese ihn anzeigten, wurde er zu 15 Tagessätzen à 15 Euro verurteilt – und das T-Shirt wurde ihm weggenommen. Nicht weil er alle Polizisten auf der Welt mit seinem ACAB-Shirt beleidigt hatte, sondern zwei.

Wenn Schweine fliegen könnten, bräuchten Bullen keine Hubschrauber

Die in der Allaussage* ACAB umschriebene anonyme Gruppe wird im konkreten Fall durch einige ihrer Mitglieder verkörpert. Und diese haben als Bürger *selbstverständlich* das Recht, sich nach einer offenbar absichtsvollen Kränkung an die Gerichte zu wenden. Im Sinne von § 185 StGB.

---

* Aussagen mit der Struktur «Alle X sind …» oder «Für alle X gilt …» bezeichnet man als Allaussage.

Diese juristischen Überlegungen haben einen großen philosophischen Wert. Sie betreffen das genaue Verhältnis von Individuum und Gruppe. Das macht sie interessant.

Bei Kollektivbeleidigungen ist die Gruppengröße wichtig. Es geht um Überschaubarkeit und Individualisierbarkeit. Wenn das Kollektiv klein ist, gibt es größere Probleme.

Es ist sicherlich nicht straffrei, wenn ich sage: «Alle Vorstandsmitglieder von Volkswagen sind Verbrecher.» Denn: Es handelt sich *nicht* um ein Kollektiv, in dem die Mitglieder in der Masse anonym verschwinden. Dafür ist die Gruppe einfach nicht groß genug. Der Vorstand von VW besteht aus neun Menschen.

Für eine Beleidigung sollte gegeben sein, «dass sich die Äußerung auf eine hinreichend überschaubare und abgegrenzte Personengruppe bezieht» im Sinne einer «personalisierten Zuordnung».[14] Wir müssen wissen, wer gemeint ist.

Der Copacabana-Fall macht zudem deutlich, dass man sich aus Beleidigungen nicht einfach rausreden kann. Von wegen: «Das war nicht meine Absicht.» Als Menschen bewerten wir wie gesagt unsere *Handlungen*. Die sind sichtbar und öffentlich. Absichten sind privat und nur schwer überprüfbar.

Der Angeklagte sagte im Copacabana-Fall aus, er wisse nicht, was er da trägt. Andere Angeklagte haben versucht, das Kürzel ACAB positiv umzudeuten. Natürlich *nachdem* man sie erwischt hat. Acht Cola, Acht Bier. All Colors Are

Beautiful. Oder mein persönlicher Favorit: Always Carry A Bible.

«Na sicher ...», denkt sich da jeder zuständige Richter.

Selbst wenn dem so wäre. Nehmen wir an, ich kenne ACAB nicht – und jemand gibt mir ein solches T-Shirt oder einen Anstecker oder eine Fahne.

Pech gehabt. Es geht nicht primär um individuelle Absichten. Unwissenheit schützt vor Wirkung nicht.

Man kann sich glaubhaft entschuldigen für eine Beleidigung. Eine Beleidigung, die im sozialen Raum stand, kann man aber nicht ungeschehen machen. Sie ist passiert. Punkt.

Worin unterscheidet sich nun ein ACAB von einem «Alle Türken sind Ziegenficker» oder einem «Alle Juden sind Geldschweine»?

Eine Alle-X-sind-Y-Kollektivbeleidigung liegt in allen Fällen vor. Und somit: eine Beleidigung.[*]

Das Stichwort (und der Unterschied) lautet: Volksverhetzung.

Die Volksverhetzung ist ein Sonderfall.

Bei Lutz Bachmann und seinem Viehzeug – abgesehen davon, dass er nicht sagte «alle» – kommt es deshalb nicht auf § 185 StGB an. In solchen Fällen greift der Paragraph für Volksverhetzung. Das ist deutlich schlimmer als Belei-

---

[*] Eine Beleidigung auf kommunikativer Ebene! Juristisch gesehen sind Kollektivbeleidigungen der eben beschriebene Sonderfall.

digung. Juristisch und moralisch. Die Volksverhetzung ist insofern das Nonplusultra der Gruppenbeleidigung.

---

§ 130 Volksverhetzung (1) Wer in einer Weise, die geeignet ist, den öffentlichen Frieden zu stören,

1. gegen eine nationale, rassische, religiöse oder durch ihre ethnische Herkunft bestimmte Gruppe, gegen Teile der Bevölkerung oder gegen einen Einzelnen wegen seiner Zugehörigkeit zu einer vorbezeichneten Gruppe oder zu einem Teil der Bevölkerung zum Hass aufstachelt, zu Gewalt- oder Willkürmaßnahmen auffordert oder

2. die Menschenwürde anderer dadurch angreift, dass er eine vorbezeichnete Gruppe, Teile der Bevölkerung oder einen Einzelnen wegen seiner Zugehörigkeit zu einer vorbezeichneten Gruppe oder zu einem Teil der Bevölkerung beschimpft, böswillig verächtlich macht oder verleumdet, wird mit Freiheitsstrafe von drei Monaten bis zu fünf Jahren bestraft.

§ 130 Strafgesetzbuch

Als Rechtsradikaler muss man insofern nicht erst Djamal, Said und Elif persönlich beleidigen, um sich strafbar zu machen. In Fällen wie «Alle Flüchtlinge sind Abschaum», «Alle Türken sind Ziegenficker» oder «Alle Juden sind Geldschweine» sind Gruppenbeleidigungen bereits im Bereich der Strafbarkeit. Die Forderung, dass bestimmte Individuen identifizierbar sein müssen, wird gelockert.

Insbesondere solche Gruppenbeleidigungen sind nämlich der Nährboden für Rassismus, Hass und Gewalt. Der Dünger für diesen Nährboden sind wiederum: Vorurteile, also negative Verallgemeinerungen, bösartige Vereinfachungen und rufmörderische Pauschalurteile. Diese Einstellungen sorgen dafür, dass man nicht bereit ist, Menschen als Individuen wahrzunehmen, sondern *nahezu ausschließlich* als Teil einer Gruppe. Die Zugehörigkeit zu einer Gruppe, zum Beispiel zur Gruppe «Migrant», «Jude» oder «Dunkelhäutige» wird als minderwertig betrachtet. Dass ein Mensch Teil dieser Gruppe ist, überschattet – oder: befleckt – alle seine individuellen Qualitäten als Mensch. Deswegen wird, so die Hasslogik der Volksverhetzer, legitimerweise gegen ihn gehetzt.

Traurig, aber wahr.

Umso wichtiger ist es, dass sowohl Staat als auch Zivilgesellschaft ein ganz besonderes Auge auf solche Aussagen werfen – und auf diejenigen, die sie machen. Weil es oft schäbige Aussagen sind von armseligen Menschen.

Der rechtliche und auch philosophische Regelfall ist es allerdings, dass man sich entweder persönlich beleidigend gegen *einen* Menschen richtet, ohne Gruppenbezug – oder dass man einen Menschen persönlich beleidigt mit Bezug auf seine Gruppe. Nicht die gesamte Gruppe.

Alle-X-sind-Y-Beleidigungen sind darüber hinaus ziemlich abstrakt und somit unwirksam. Indem sie alle treffen

MAN DARF NICHT ALLE
WESPEN ÜBER EINEN KAMM
SCHEREN.

wollen, verfehlen sie meist ihr Ziel. Wer eine Dartscheibe treffen will, sollte seinen Pfeil präzise und in die richtige Richtung werfen. Nicht einfach irgendwie ins Kneipenviertel.

Gut. Wir haben lang über die Kollektivbeleidigung ACAB philosophiert, weil sie etwas elementar Wichtiges aufzeigt.

Genauer gesagt: Warum ACAB, juristisch gesehen, nicht immer eine Beleidigung ist, wirft Licht auf das philosophische *Konzept* der Beleidigung. Gruppenbeleidigungen gibt es, doch sie sind ein Sonderfall. Juristisch strafbar sind sie, wenn sie sich in bestimmten Situationen *an einzelnen Menschen konkretisieren*. Beleidigend sind Gruppenbeleidigungen so oder so. Volksverhetzende Aussagen sind als Sonderfall der Gruppenbeleidigung immer strafbar (und immer beleidigend).

Gute Beleidigungen sind präzise Pfeile. Sie treffen *jemanden* und tun *ihm* weh.

NEGATIVES DENKEN:
DAS N-WORT UND SEINE WIRKUNG

«Roberto Blanco war immer ein wunderbarer Neger, der den meisten Deutschen wunderbar gefallen hat.»

Meine Freundin und ich schauen uns ungläubig an. Der Fernseher läuft. Wie wohl Tausende Deutsche in diesem Moment staunen wir nicht schlecht:

Hat er das wirklich soeben gesagt? Ein deutscher Minister? Im öffentlichen Fernsehen? 2015?

Wir wissen: Auch Sprachhandlungen sind Handlungen. Man *macht* etwas mit Sprache. Und was man damit genau macht, das liegt nur teilweise bei einem selbst.

Sprache ist eine Verbindung zwischen einem Sprecher und seinen Hörern. Kommunikation ist also etwas, das zwischen uns stattfindet. Falls sie jemandem «gehört», dann gehört sie uns allen.

Das gilt auch im Fall von Joachim Herrmann und seiner Neger-Äußerung in Bezug auf Roberto Blanco. Zu Recht war die Empörung groß. Denn auch wenn Herr Minister Herrmann in diesem Moment nicht *als* Rassist gesprochen hat, so hat er dennoch «die Sprache der Rassisten» gesprochen.

Doch der Reihe nach.

Diskutieren wir das Wort «Neger». Ich werde dieses hässliche Wort ausschreiben. Nur so kann ich es sezieren.

Es zu umschreiben wäre im Kontext dieses Buches falsch. Ich würde mich wie ein Arzt fühlen, der sich schämt, Klartext über eine Krankheit zu reden.

Kaum ein deutsches Wort ist eindeutiger rassistisch als «Neger». Bei dem amerikanischen «nigger» ist dies sicherlich noch mehr der Fall. Beides ist sprachliches Dynamit. Dynamit, das für gewöhnlich von Rassisten in der Hand gehalten wird. Oder von Menschen, die sich weder viel um Sprache scheren – noch um die Gefühle anderer.

Ist die Sache so eindeutig?

Fast. Also: nicht ganz.

```
Aber ich weiß, dass ich, obwohl
ich nie dazu Anlass hatte, trotz-
dem mein ganzes Leben – jetzt nicht
mehr, aber die gesamte Schulzeit,
würde ich sagen – immer zusammenge-
zuckt bin, wenn jemand das Wort
"negativ" gebrauchte. Und obwohl
dieses Wort "negativ" immer als
negativ endete, war bei mir immer
ein Zucken, weil ich Sorge hatte:
Hoffentlich wird daraus jetzt nicht
"Neger".
```
– Ijoma Mangold[15]

Heutzutage ist der Begriff untrennbar mit einer Gruppenabwertung verbunden. Es ist eine Kollektivbeleidigung, die man gegen einzelne Menschen richten kann. Seine Begriffsgeschichte ist eine Geschichte der Minderwertigkeitszuschreibung.

Ich weiß, das sieht nicht jeder so. Vor allem Stimmen aus der Das-wird-man-ja-wohl-noch-sagen-dürfen-Fraktion verweisen gerne auf die guten alten Zeiten. «Das war nicht immer so!», hört man sie empört rufen.* Sie sind von einem Phantomschmerz eines verlorenen Sagendürfens ergriffen.

Was ist los? Sind wir heute etwa alle dünnhäutig geworden? Wittern wir Beleidigungen, wo gar keine sind – wie die Dame, die gegen den «Altweibersommer» klagte?

Nein.

Das Wort «Neger» hat im Vokabular eines reflektierten Menschen wenig Platz. Denn diese Beleidigung macht zwei Schubladen auf. Die Schublade der Neger und die der Nichtneger. Die Menschen in diesen Schubladen unterscheiden sich. Und zwar nicht nur nach Hautfarbe, sondern auch nach *Wertigkeit*.

Deswegen verletzt dieses Wort. Weil, abhängig vom Kontext, mehr oder minder explizit mitschwingt, dass Menschen mit dunkler Hautfarbe «nicht wie wir» sind. Menschen mit dunkler Hautfarbe sind anders. Menschen mit dunkler Hautfarbe sind *als Menschen* weniger wert.

Das ist der Subtext, den nicht alle hören, aber viele.

Kein Wunder, dass so eine Vokabel verletzt.

Das Wort diskriminiert. «Neger» soll im ersten Schritt

---

* Mit Negerkussresten im Mund.

unterscheiden.* Der Sprecher unterscheidet ein Wir und ein Nicht-Wir. Anschließend würdigt er dieses Nicht-Wir herab. Die Neger sind so und so. Wir, die Weißen, sind *nicht* so und so. Das Wort «Neger» wertet die einen herab, die Nichtneger auf. Menschentypen nach Herkunft, Hautfarbe und Aussehen bestimmte Eigenschaften zuzuschreiben … Wie nennt man das noch mal?

Richtig. Rassismus.

Das Wort gehört somit zu einer Ebene menschlicher Kommunikation, die mit Meinungsfreiheit nicht mehr viel zu tun hat. Es ist nämlich keine «normale» Beleidigung wie «Arschloch» oder «Verpiss dich!». Sein primärer Kontext ist die Hassrede gegen Gruppen. § 130 StGB stellt solche Reden unter Strafe – es ist Volksverhetzung. Hassrede.

Ist Joachim Herrmann deswegen gleich ein Rassist?

Nein.

Joachim Herrmann versuchte sich an einem Kompliment: «Roberto Blanco war ein ganz wunderbarer Neger.»**

Er versucht, das Wort quasi positiv umzudeuten. Nach dem Motto: «Schaut her, ‹Neger› ist nicht immer eine Beleidigung. Ich kann das auch so und so sagen – und schon klingt es ganz anders.»

Hat nicht ganz geklappt.

* «Diskriminieren» heißt ursprünglich genau das: unterscheiden, abgrenzen.
** Sehen wir von der Merkwürdigkeit der Vergangenheitsform ab. Blanco lebt bekanntlich noch und hat seine Hautfarbe in letzter Zeit nicht geändert.

Roberto Blanco sagte immerhin, dass er sich nicht beleidigt fühle. Das verwundert. Immerhin kann so gut wie jeder dunkelhäutige Mensch biographische Geschichten von Ausgrenzung und Abweisung erzählen. Oft sind es auch Geschichten sprachlicher Ausgrenzung. Vielleicht störte sich Blanco nicht so sehr an dem Wort, weil aus dem Zusammenhang heraus recht klar war, dass Herrmann ihn nicht hatte *absichtlich* und gezielt beleidigen wollen.

Zum ersten Mal in diesem Buch sage ich: Es kommt nicht auf Roberto Blanco an.

Nicht zum ersten Mal in diesem Buch sage ich: Es kommt nicht so sehr auf die Absichten an.

Wichtig ist, was die Öffentlichkeit sieht. Und hört. Die Sprachgemeinschaft. Das Publikum. Wir alle.

Viele von uns hörten ein rassistisches Schimpfwort, von einem Minister ausgesprochen im TV. Absicht hin oder her. Blancos «Alles halb so wild» hin oder her.

Doch was hätte Blanco tun sollen? Eine Entschuldigung fordern? Vielleicht. Hätte Herrmann diese verweigert, wäre diese ganze Sache nur *noch* größer geworden. Und so oder so: Das Wort «Neger» war ja schon gefallen. Bildlich gesprochen: Hermann hatte den Fußball bereits gegen das Fenster geschossen. Ob er wollte oder nicht. Das Glas war kaputt.

Wie wäre es mit einer Anekdote aus Hollywood? Als Leonardo DiCaprio sich schwertat, am Filmset von *Django Unchained* ununterbrochen «Nigga» zu sagen, nahm ihn Samuel L. Jackson zur Seite und sagte:

«Motherfucker, This is just another Tuesday for us.»[16]

Just another Tuesday. Nur ein weiterer Dienstag. Sprich: Alltag. Vielleicht hat sich auch Roberto Blanco daran gewöhnt. Daran, dass Negersager «Neger» sagen.

Blanco gehört vermutlich nicht zu ihnen. Zu den Negersagern. Anders ist das bei Samuel L. Jackson. Es ist sogar eine Art Markenzeichen, dass er ständig dieses Wort sagt. Ist Samuel L. Jackson deswegen ein Rassist? Nein.

So einfach ist Sprache nicht. Es ist wie immer: Der Zusammenhang entscheidet. Und zum Zusammenhang gehört der Sprecher.

Er und andere dunkelhäutige Menschen haben sich das rassistische Schimpfwort angeeignet und für sich *positiv umgedeutet*. Das geht. Das Umdeuten und somit Entkräften von Beleidigungen. Allerdings nur beziehungsweise vor allem dann, wenn man selbst Teil der ursprünglich betroffenen Gruppe ist.

Eine Musikrichtung ist für die Umwertung des N-Worts besonders bekannt: Rapmusik. Von N.W.A.* über Tupac und Biggie bis Jay Z und selbst den deutschsprachigen Battle-Rapper Taktloss**: Viele dunkelhäutige Rapper verwenden dieses Wort *für sich*. Im positiven Sinne.

---

* Niggaz Wit Attitudes.
** Bekannt als der selbsternannte «letzte tighte Nigga».

Durch die Umwertung verlassen sie die Opferrolle. Wie jemand, der einem Räuber bei einem Überfall das Messer abnimmt – und es anschließend zur Selbstverteidigung nutzt.

Deswegen können nur sie es – positiv umgewertet – benutzen. Weil sie die ursprünglich Angegriffenen sind. Niemand sonst.*

Positive Umwertung ist ein langer, komplizierter Prozess. Es ist mehr, als zum Beispiel ein «wunderbar» vor ein rassistisches Wort zu stellen. Das ist zu kurz gedacht, so geht es nicht. Selbst als wunderbarer bayerischer Innenminister.

Nichtbetroffenen bleibt diese positive Verwendung in der Regel verschlossen. Der Rapper Eminem sagte auf Nachfrage, dieses Wort befinde sich nicht einmal in seinem Wortschatz.[17] Die Aussage ist eindeutig: «Ich kann (und will) es nicht benutzen.» Das sagte er als weißer Superstar einer schwarzen Musikkultur, in der das Wort andauernd fällt.

Roberto Blanco sei also ein «ganz wunderbarer Neger». Dieses «Kompliment» klingt in den Ohren der Mehrheitsgesellschaft vergiftet.

Es ist so, als hätte Herrmann einen (von ihm geschätzten!) homosexuellen Menschen öffentlich eine «ganz wunderbare Schwuchtel» genannt. Nur ist das N-Wort katego-

* Auch Behindertenwitze kommen nur gut, wenn man selbst zum Beispiel im Rollstuhl sitzt (und offen ist für diese Art von Humor).

rischer. Ein Schwuler* kann seine Eigenschaft, wegen der er diskriminiert wird, vielleicht vor anderen verstecken. Dass Menschen sich notfalls verstellen müssen, um nicht beleidigt und ausgegrenzt zu werden, ist traurig genug. Ein dunkelhäutiger Mensch hat keine Wahl. Er kann seine dunkle Haut nicht verstecken. Die Angriffsfläche ist immer da. Wirklich als Fläche – als Haut.

So.

Was sagen wir den Sprachnostalgikern? Den Das-wird-man-doch-noch-sagen-Dürfern?

Wittgenstein schreibt: Die Bedeutung eines Wortes ist sein Gebrauch in der Sprache. Wie wir mit Worten umgehen, bestimmt ihren Sinn.

Der Kontext ist entscheidend.

Dieser ist beim Wort «Neger» allerdings selten schmeichelhaft. Auch dann nicht, wenn man es explizit versucht. Wie Herr Minister Herrmann es getan hat. Gerade weil das Wort heutzutage eine primär beleidigende Funktion hat, sind die Tage vorbei, als man es noch «einfach so» verwenden konnte.

---

* Das Wort «schwul» ist ein weiteres Beispiel für ein Wort, das von der betroffenen Gruppe positiv umgewertet wurde. Es wird von Beleidigern auf negative Weise benutzt – und von der Gruppe selbst und ihren Unterstützern auf positive Weise. In einer klassischen Folge der Simpsons (Staffel 4, Folge 11) redet Homer mit John (einem Klischee-Schwulen, der das Wort «schwul» selbstbewusst benutzt): «Ich finde es eine Frechheit, dass ihr dieses Wort benutzt. Das ist unser Wort, um uns über euch lustig zu machen! Das brauchen wir!»

Der Gebrauch hat sich verändert, weil die Gesellschaft sich verändert hat.

Besonders für weiße Sprecher ist seine Verwendung versperrt. Zumindest sofern man nicht – und nicht ohne Grund – den Rassismusverdacht auf sich ziehen möchte. Denn das Wort «Neger» ist zwar nicht die Ursache von Rassismus, aber sein Ausdruck. Einer unter vielen.

Genau deswegen diskutierte man über Kinderbuchklassiker wie Pippi Langstrumpf. Der Oetinger Verlag ließ im Sommer 2009 unter anderem den Begriff «Negerkönig» durch «Südseekönig» ersetzen. Mit Erlaubnis von Astrid Lindgrens Erben spricht man im Taka-Tuka-Land auch nicht mehr die «Negersprache», sondern die «Taka-Tuka-Sprache».

Der Aufschrei war groß. Unnötig groß.

Denn Sprache ist nicht in Stein gemeißelt. Sie verändert sich im Laufe der Zeit. Sprache verändert sich jeden Tag ein wenig und über Jahre und Jahrzehnte sehr stark.

Die Das-wird-man-jawohl-noch-sagen-dürfen-Menschen leugnen diese Tatsache. Zumindest viele von ihnen. Diejenigen, die den Sprachwandel nicht leugnen oder herunterspielen, sondern ihn erkennen und verstehen, wollen mit ihrer Negerkuss-Attitüde vor allem eines: provozieren und *verletzen*.

«Ich finde es total scheiße, dass das Wort in Kinderbüchern bleiben soll, wenn es nach euch geht. Ihr könnt euch nicht vorstellen, wie sich das für mich anfühlt, wenn ich das Wort lesen oder hören muss. Es ist einfach nur sehr sehr schrecklich. Mein Vater ist kein Neger und ich auch nicht.»

Ishema Kane, damals 9½ Jahre. Sie lebt in Frankfurt.
Ihr Vater ist Senegalese. Zitat aus einem Leserbrief zur
Kinderbuchdebatte an *Die Zeit*.[18]

In diesem Kontext sollte man zudem das Recht auf *sprachliche Selbstbestimmung* berücksichtigen. Sprache ist zwar überindividuell und das auch über Gruppen hinausgehend – doch wenn eine Gruppe über Jahre hinweg gegen eine sprachliche *Fremdbestimmung* protestiert, dann sollte man es sich zweimal überlegen, ob man sich einfach so darüber hinwegsetzen will. Wenn Dunkelhäutige von anderen *nicht* «Neger» genannt werden wollen, dann hat man das zur Kenntnis zu nehmen. Verdammt noch mal.

Fest steht: Das Wort «Neger» wird heute schlichtweg anders gebraucht als vor 50 oder 100 Jahren. Damals war «Neger» vielleicht das *normale* Wort für dunkle Menschen. Das hat sich geändert – und das ist auch gut so. Die meisten Sprecher distanzieren sich heutzutage von jeder als rassistisch empfundenen Mentalität. Die abwertende Bedeutung des Wortes hören wir heute heraus – und weisen sie zurück. Weil wir die Abwertung selbst zurückweisen. Die mit dem Wort verbundene Deklassierung von Menschen war zwar früher üblich. Heute ist sie nicht mehr erwünscht. Indem sich die Einstellung der Sprecher verändert hat, hat sich auch der Wortgebrauch verändert. Sprachlicher Rassismus widerspricht unseren Wertvorstellungen.

Der Wandel der Sprache ist eine Tatsache. Ob man will oder nicht. Denn Sprache entwickelt sich mit dem Alter. Denkweisen ändern sich schleichend und mit ihnen die Wörter, die unsere Gedanken ausdrücken. «Neger» ist nicht mehr auf der Höhe der Zeit.

Das Wort «Neger» ist kein Einzelfall.

Bedeutungswandel betrifft sehr viele weitere Wörter, zum Beispiel auch «Zigeuner», «Krüppel» oder «Weib».

Man stelle sich vor, Joachim Herrmann hätte Wolfgang Schäuble einen «ganz wunderbaren Krüppel» genannt. Undenkbar.

Wir sehen: Zeiten ändern sich. Das ist keine Zensur und keine Katastrophe. Das ist Sprachwandel.

Was folgt aus dieser Diskussion?

- Dass wir Scheren im Kopf haben (sollten)?
- Dass es ein Redeverbot gibt?
- Politische Korrektheit über alles?

Nein, nein – und nein.

Es folgt lediglich, dass wir uns, sofern es vermeidbar ist, nicht wie Arschlöcher benehmen sollten.

Und wie wir uns benehmen, wie unser Benehmen wirkt – das liegt nicht allein an uns. Nicht zuletzt entscheidet das soziale und kulturelle Umfeld darüber, was als Beleidigung gilt und was nicht. Die auf der Hautfarbe einer Person basierende Geringschätzung ist zu Recht immer mehr tabu. Eine Beleidigung der Hautfarbe eines Menschen ist nämlich etwas anderes als zum Beispiel die Beleidigung seiner Haarfarbe oder seines Körperumfangs. Blondinen oder Dicke wurden niemals systematisch ausgegrenzt. Zielgerichtet unterdrückt. Menschen dunkler Haut sehr wohl. Deswegen sind solche gruppenbezogenen Typ-Beleidigungen oft als Volksverhetzung strafbar – und anders zu bewerten als ein ACAB. Denn Polizisten wurden von der Gesellschaft niemals rassistisch «vor die Tür» gestellt. Der soziokulturelle Kontext ist ein anderer.

Zu den Nostalgikern sage ich: Wer am Begriff «Neger» wirklich gar nichts Anstößiges findet, der lebt noch in einer anderen Zeit. Oder hinterm Mond. Oder wirklich tief in Bayern.[*]

---

[*] Kleiner Scherz.

DIE PUSSY-GENERATION:
ÜBER POLITISCHE KORREKTHEIT

Was ist das überhaupt, politische Korrektheit? Wir befinden uns nach wie vor im Reich der sprachlichen Wirklichkeit. Etwas wird gesagt – und das Gesagte wird von anderen aufgenommen und irgendwie beantwortet. Insofern können wir uns den sprachlichen Austausch zwischen Menschen wie ein Tennismatch vorstellen. Es geht hin. Und her. Und hin. Und her. Nur mit dem Unterschied, dass das Spielfeld nahezu unendlich groß ist, niemand weiß, wer alles mitspielt, und unzählige Bälle gleichzeitig hin- und herfliegen. Und manche Netze sind unsichtbar. Klingt kompliziert? Ist es auch.

Politische Korrektheit klingt auf den ersten Blick einfach. Das «politisch» bezieht sich offenbar darauf, dass wir im Bereich der PC über Dinge sprechen, die im weiteren Sinne unser gesellschaftliches Miteinander betreffen. Politische Korrektheit betrifft also keineswegs nur das Sprechen *von Politikern*. Das «politisch» bezieht sich auf den Inhalt, nicht auf den Sprecher. Es geht um die öffentliche, irgendwie gesellschaftlich relevante Rede. Es muss um etwas gehen. Von Belang sein. Es ist jedenfalls schwer, politisch inkorrekt über das Wetter zu sprechen.

Die «Korrektheit» deutet auf ein Entweder-oder-Verhältnis hin. Man redet mit Stil – oder ohne. Das geht korrekt – oder inkorrekt. Richtig oder falsch. Es scheint sich also um einen Maßstab der Bewertung von Sprache zu handeln. Als wären Aussagen über die Welt vergleichbar mit Mathematik.* Und die Wächter der politischen Korrektheit sind die Mathelehrer, die ein Häkchen oder ein Kreuz hinter öffentliche Aussagen machen. Richtig oder falsch. Stilvoll oder stillos.

Wer spricht überhaupt am meisten von politischer Korrektheit? Interessanterweise: ihre Gegner. Daher hat politische Korrektheit keinen sehr guten Ruf. Kritiker benutzen Vokabeln wie «Gesinnungspolizei», «Knebel», «Hexenjagd» und «Gehirnwäsche».

Ein Dicker heißt nunmehr Bürger mit molligem Hintergrund – man darf ihn nicht mehr als Fettsack bezeichnen.[19]

Feridun Zaimoglu

Hollywoodlegende Clint Eastwood sprach von einer «Pussy Generation». Und damit meinte er nicht mal die jungen Leute. Er meinte uns alle. Den Zeitgeist. Zu verweichlicht. Mit Bezug auf die Entrüstung, der man den rassistischen Äußerungen Donald Trumps während seines Wahlkampfs begegnete, sagte er eastwoodianisch: Just fucking get over it.[20]

---

* Doch nicht alles, was hinkt, ist ein Vergleich.

Da haben wir ihn also. Den starken Mann, der austeilt und einsteckt und dem politische Korrektheit einen Scheißdreck bedeutet. Clint Eastwood würde sich ein Zigeunerschnitzel gönnen. Ohne mit der Wimper zu zucken. Zum Nachtisch gibt's Negerkuss. Und deine Gefühle bleiben bitte schön *deine* Gefühle.

Denn früher war nicht nur mehr Lametta, sondern auch sonst einiges anders. Die Neger wussten noch, dass sie Neger sind, und das galt nicht als rassistisch, sondern als normal. Heute hingegen kommt bei jeder Kleinigkeit die Sprachpolizei – bewaffnet mit politischer Korrektheit und vom Anprangern geschwollenem Zeigefinger. Und dann wird mündigen Bürgern der Mund verboten. Pussy Generation halt. Es geht um Verbot und Vorschrift, um schlechtes Gewissen und Moral. Ab in die Ecke – und schäm dich.

So oder so ähnlich sieht das Bild politischer Korrektheit aus, das ihre Gegner zeichnen. Die Grundidee ist jedoch eine andere. Es geht nicht um Nachhilfe, Scham und Schande. Wie immer geht es um das Verhältnis zwischen Individuum und Gesellschaft. Es geht um Wirkung und Wirklichkeit. Und natürlich um Sprache: also das Ding, das uns alle verbindet. Oder trennt, je nachdem.

Stellen wir uns zwei Gegensätze vor. Das eine Extrem ist «Man kann alles sagen, was man will» und das andere «Man kann vieles nicht sagen, auch wenn man es will». Political Correctness spielt sich irgendwo dazwischen ab. Und ich denke, eine vertretbare Version von PC ist eher ein «fast alles» als ein «vieles nicht».

Politische Korrektheit ist nicht das Gegenteil von freier Rede.

PC ist eine Schutzmentalität. Ähnlich wie der juristische Ehrschutz, den der Beleidigungsparagraph im StGB *formell* regelt, handelt es sich bei PC um eine *informelle* Regelung des Ehrschutzes. Ich kann nicht jeden und alles beleidigen, wie mir der Schnabel gewachsen ist: weder juristisch noch moralisch. Meinungsfreiheit ist nicht grenzenlos. Manche Dinge sagt man lieber nicht. Nicht unbedingt weil sie juristisch oder moralisch *verboten* sind. Der Grund ist, dass ein Großteil der Gesellschaft sie schlichtweg *nicht erwünscht*. Weswegen? Weil sie als kränkend oder beleidigend empfunden werden. Denn Sprache kann Menschen zu Opfern machen. Sprache kann diskriminieren. Manche Beleidigungen nehmen dich am Kragen und hauen dir einfach so aufs Maul.

Willkommen in der Welt der politischen Korrektheit.

Denn so, wie es bei dir und mir daheim vielleicht Hausregeln gibt – oder zumindest Verhaltensweisen, die wir intuitiv als erwünscht und weniger erwünscht empfinden –, so gibt es etwas Ähnliches in der Gesellschaft. Nur leben in dem Haus namens Deutsche Gesellschaft circa 80 Millionen Menschen, und es gibt keine Einigkeit darüber, was gesagt und getan werden sollte und was nicht. *Das* macht den Streit über politische Korrektheit aus.* Es ist ein Streit unter Mitbewohnern. Tja. Typisch WG.

---

* Politisch ist ja bekanntlich etwas, das zur Polis gehört, sprich: zum Stadtstaat. Oder allgemeiner: zur Gesellschaft.

Der Streit über politische Korrektheit ist also der Streit darüber, was sich für einen anständigen (!) Menschen gehört und was nicht. Aussagen, die man als politisch inkorrekt empfindet, kränken. Beleidigen. Natürlich nicht jeden. Es sind ja nie alle gleichzeitig gekränkt (oder zumindest nicht wegen der gleichen Sache), sondern immer die einen *von den anderen*. Es ist ein Hin und Her. Sprachtennis.

Und es wird noch komplizierter. Denn man kann auch stellvertretend beleidigt sein.[*] Man muss nicht zu den Roma gehören, um «Zigeunerschnitzel» unzeitgemäß zu finden. Man muss keine dunkle Haut haben, um sich über Weiße zu wundern, die sich zur Belustigung mal als Schwarze schminken. Die jeden, der nicht käseweiß ist, «Neger» nennen. Dergleichen kann man auch problematisch finden, ohne zur betroffenen Gruppe zu gehören. Stellvertretend.

PC tangiert also entweder die Betroffenen selbst oder diejenigen, die sich mit ihnen solidarisieren. Die Stellvertreter[**] versuchen sich am Perspektivwechsel. Am Mit-

---

[*] Denn wie gesagt: Es geht bei Beleidigungen nicht in erster Linie um subjektive Gefühle. Der Gefühlswelt übergeordnet sind intersubjektive Fragen: Wie wollen wir miteinander umgehen? Wie miteinander leben?

[**] Wir erinnern uns: Roberto Blanco fand es seiner eigenen Aussage nach okay oder egal, als «wunderbarer Neger» bezeichnet zu werden. Das hielt einen großen Rest der Gesellschaft allerdings nicht davon ab, es absolut nicht okay oder egal zu finden. Das ist das Stellvertreterprinzip.

gefühl. Wie wäre das, wenn ich eine dunkle Hautfarbe hätte und jemand nennt mich «Neger»? Wenn ich asiatische Wurzeln habe – und jemand sagt «Schlitzauge»?

Wie gesagt handelt es sich bei politischer Korrektheit um ein In-Schutz-Nehmen. Vor sprachlicher Aggression. Oder vielmehr handelt es sich um Rücksichtnahme. Befürworter sprachlicher Sensibilität wollen nämlich nicht jemanden in Schutz nehmen, der Opfer geworden ist. Das auch, ja. Vor allem geht es aber darum zu verhindern, dass jemand durch übergriffige oder verletzende Sprache *zum Opfer wird*. Und deshalb muss man nicht erst selbst Opfer geworden sein, um sich für den präventiven Opferschutz zu engagieren. Es geht nicht darum, wer oder was du selber bist. Es geht um den Standpunkt, den du vertrittst. Man muss auch kein Baum sein, um für den Regenwald einzutreten.

Das betrifft vor allem das politische Sprechen in der Öffentlichkeit. Es geht um *anständiges* Sprechen. Um erwünscht und unerwünscht. Um eher gut und eher schlecht. Kurz: um Moral.

Das mag nicht jeder. Viele fühlen sich gegängelt und halten diejenigen, die ihnen sagen, dass man XYZ nicht sagen sollte, für Zensoren. «Gutmenschen».

Fälschlicherweise, wie ich finde. Eine nichtmilitante Version der politischen Korrektheit ist sinnvoll. Denn gute Manieren machen den Umgang miteinander reibungsloser. Auch wenn man den *moralischen* Aspekt vernachlässigt, kann man diesen *funktionalen* Aspekt von Höflichkeit und korrektem Umgang nur schwer leugnen. Höflichkeit und

Respekt ölen nämlich das menschliche Miteinander. Vieles geht so leichter. Höflichkeit ist eine Form von Schlauheit.[*]

Doch Vorschriften machen manche Menschen bockig.[**] Deswegen tun sie alles in ihrer Macht Stehende, um gegen diese Vorschriften zu verstoßen. Das geht besonders gut, wenn es – wie im Fall von PC – gar keine konkreten Vorschriften gibt.

Die Anti-PCler sind wie Tanzkursteilnehmer, die ihrem Partner andauernd auf die Füße treten und anschließend stolz behaupten: «Ich kann verdammt noch mal da hintreten, wo *ich* will. Du übersensibler Hippie!»

Bei politischer Korrektheit handelt es sich also um Kränkungsvermeidung. Man will vor allem jene vor Verletzungen schützen, die erstens leichte Ziele sind und zweitens «schon genug abbekommen haben». Respektvoller Umgang eben. An sich eine noble Sache, die man eigentlich nicht übertreiben kann.

Würde man denken.

Es gibt Orte, wo Kränkungsvermeidung in den letzten Jahren quasi zu einer Religion geworden ist. Leider zu einer halbwegs extremistischen Religion. Unter einer extremistisch-militanten Ausprägung politischer Korrektheit sind einige US-amerikanische Universitäten nicht zur akademi-

---

[*] Hinterrücks oder in Gedanken kannst du ja immer noch ein unsensibler Klotz sein.

[**] Höflich und fair behandelt werden will jeder. Höflich und fair sein, das nicht.

schen Wohlfühloase geworden, sondern zur Eierschalen-
zone. Clint Eastwood würde dort also nur wenige Freunde
finden.

An einigen Ami-Unis wird nämlich alles getan, damit
man einander nicht verletzt oder beleidigt. Weder absichtlich noch unabsichtlich. Es wird versucht, eine kränkungs-
freie Atmosphäre zu schaffen. Dies geschieht zum Beispiel
durch Warnhinweise, die Studenten vor der Konfrontation
mit vermeintlich problematischen Seminarinhalten schützen sollen.

Eine Warnung vor einem potenziell verstörenden Inhalt
nennt sich «Triggerwarnung». Dahinter steht unter anderem die Befürchtung, bestimmte akademische Inhalte
könnten bei traumatisch vorbelasteten Menschen ein er-
neutes Durchleben des Traumas herbeiführen. Besonders
gefährdet sind Personen mit einer posttraumatischen Be-
lastungsstörung. Dabei handelt es sich um eine psychische
Erkrankung, die nach außergewöhnlich belastenden Erleb-
nissen auftreten kann.

Wer beispielsweise Opfer eines sexuellen Missbrauchs
wurde, läuft in der Tat Gefahr, dass Bilder, Texte oder Film-
sequenzen zu einem erneuten Durchleben des Traumas
führen. Bestimmte Wahrnehmungen und Inhalte können
so zum Problem werden.

Tatsächlich werden viele Menschen Opfer von Mobbing,
Rassismus oder sexueller Gewalt. Da gibt es nichts zu be-
lächeln oder zu verharmlosen. Wo liegt also das Problem?
Dann warnt der Professor halt vor einem potenziell ver-

störenden Film, Bild oder Buch. Grundsätzlich klingt das nicht verkehrt.

Das Problem ist: Eine Überdosierung von Triggerwarnungen führt oft nicht zu mehr (Selbst-)Sicherheit, sondern zu einer Übersensibilisierung.

> *«If people can't control their own emotions,*
> *then they have to start trying to control*
> *someone else's behavior.»*
>
> **– JOHN CLEESE**[21]

Das eigentliche Ziel, in einem kontrollierten, nichtbedrohlichen Umfeld zu leben, schlägt schlimmstenfalls um: von einem Bedrohungsszenario ins nächste. Überall lauern vermeintliche Gefahren. Da wird zum Beispiel in einem Seminar über klassische Literatur vor sexueller Gewalt in einem Stück von Shakespeare gewarnt. Oder ein Kunstgeschichtsprofessor kann das Gemälde «Saturn verschlingt eines seiner Kinder»* von Francisco de Goya nicht zeigen, ohne auf die Gewaltdarstellung hinzuweisen. Und das alles natürlich: *vorher.* Das ist ja Sinn der Sache. Es wird *vor* einer potenziell verstörenden Sache gewarnt – und dann können diejenigen, die sich lieber nicht (oder keineswegs) einem Risiko aussetzen möchten, den Raum verlassen. Sie werden so geschützt.

---

* Der Name ist Programm.

Mitunter nimmt diese politisch korrekte Schutzmentalität sonderbare Züge an. So wird es an einigen amerikanischen Universitäten komplizierter, Sexualstrafrecht zu unterrichten.[22] Nicht inhaltlich – sondern zwischenmenschlich. Im Seminarraum. Vermutlich gerade weil die Frage, wo einvernehmlicher Sex aufhört und Vergewaltigung anfängt, im Seminar immer aufs Neue kontrovers diskutiert wird. Solche Diskussionen sind zwar akademisch wichtig, aber nicht angenehm für alle Beteiligten. Es geht um Sex und Macht und Gewalt. Um Gesetz und Moral. Studenten sollen die Aspekte auch heikler Themen kennenlernen, erarbeiten und gemeinsam erörtern.

Doch eine Atmosphäre dominanter politischer Korrektheit kann die Dialogbereitschaft hemmen. Kein Diskussionsteilnehmer will das Risiko eingehen, einen anderen durch das, was er sagt, zu verletzen. Ein falsches Wort, und man ist der Bösewicht.

Auch hierzulande ist die Diskussion um PC in vollem Gange. Vor ein paar Jahren gab es wie bereits thematisiert die Diskussion um den Begriff «Neger» in Kinderbüchern, in letzter Zeit schreibt besonders eine Partei die PC-Kritik groß: die Alternative für Deutschland (AfD). Es gab Wahlplakate, auf denen zum Beispiel stand «Politische Korrektheit = Politische Zensur».

Mitunter überkommt einen der Eindruck, dass diejenigen, die *jede* Form von politischer Korrektheit ablehnen, mit einem Strohmann-Argument arbeiten. Das geht wie folgt:

Prämisse 1: Politische Korrektheit ist identisch mit Meinungsdiktatur, Sprachzensur oder aufgezwungener Weltanschauung.

Prämisse 2: Meinungsdiktatur, Sprachzensur oder eine aufgezwungene Weltanschauung lehnen wir ab.

Konklusion: Wir lehnen politische Korrektheit ab.

Der Strohmann – also der fiktive Gegner, gegen den argumentiert wird – ist hierbei ein Befürworter einer ausdrücklich militanten Interpretation politischer Korrektheit (dargestellt als P1). Anders gesagt: PC als Ideologie von linkspolitischer Seite. Kränkungsvermeidung als Religion. Absolut und unhinterfragbar.

Es handelt sich um einen Strohmann, weil es ja niemanden gibt, der eine militante, intolerante Variante politischer Korrektheit haben will. Es geht um das richtige Maß. Kein Maximum an Rücksicht, sondern ein *Optimum*.

Viele Anti-PCler vertreten die These, dass freie Meinung und politische Korrektheit unvereinbar seien.

Diese These ist falsch.

Diese Sichtweise verkürzt und vereinfacht das Problem des Sagbaren und Nichtsagbaren. Absichtlich. In Deutschland darf man nämlich in Wahrheit sehr viel sagen. Eher ein «fast alles» als ein «vieles nicht». Das ist das Wesen der Meinungsfreiheit – im juristischen und im laienhaften Sinn.

Man darf den Islam kritisieren. Man darf sich wertend zur Ehe für alle äußern. Man darf die Migrationspolitik kritisieren. Die Frage ist jedoch, *wie* man es macht. Der Ton macht bekanntlich die Musik.

Eine extremistisch-militante Ausprägung politischer Korrektheit, wie sie wohl an einigen amerikanischen Universitäten herrscht, ist in Deutschland so nicht zu finden. Höchstens bei Hardlinern. Aber nicht im gesellschaftlichen Mainstream. Davon sind wir meilenweit entfernt. Und das ist auch gut so.

Denn es stimmt: Meinungsfreiheit und falschverstandene (sprich: militante) politische Korrektheit stehen tatsächlich in einem Spannungsverhältnis. Sie behindern sich gegenseitig. Doch PC ist kein Entweder-oder. Es geht nicht um PC oder Nicht-PC.* Es geht um die richtige Dosierung.

Politische Korrektheit existiert *graduell*.

Es ist ein fließender Übergang zwischen

1) was man als Meinung sagen darf und
2) wofür man schräg angeschaut wird über
3) was man lieber nicht sagen sollte bis hin zu
4) was moralisch für die Mehrheitsgesellschaft inakzeptabel ist und schließlich
5) was juristisch verboten ist, weil es gegen die herrschende Moral (inkl. Menschenrechten & Co.) verstößt.

---

* Wie bei einem Lichtschalter, der entweder an oder aus ist.

Zwischen diesen Kategorien kann man grundsätzlich sehr, sehr viel sagen.

Manche PC-Kritiker haben zudem ein komisches Verständnis von Meinungsfreiheit. Sie wollen alles Mögliche sagen, aber ohne dass ihnen widersprochen wird. Das ist natürlich Quatsch. Natürlich kann man sich kritisch zur «Rolle der Frau» äußern. Natürlich kann man die Politik der Bundesregierung kritisieren. Man muss aber damit rechnen, dass einem widersprochen wird. Denn nur so funktionieren Demokratie und Dialog. Im halbwegs höflichen Austausch von Meinungen. Dass PC ein Minimum an Respekt im Dialog einfordert, hat nichts mit Zensur zu tun.

Vielleicht sollten wir daher den Begriff «politische Korrektheit» hinter uns lassen. Mit ihm wurde nämlich viel Schindluder getrieben.

Ein überarbeitetes Verständnis von PC muss her. Vielleicht im Sinne einer *sozialen Achtsamkeit*. Soziale Achtsamkeit heißt nichts anderes als respektvoller Umgang miteinander. Seine Meinung respektvoll zu artikulieren deutet schlichtweg auf eine Mentalität des gesunden Menschenverstands und des Anstands. Das steht nicht in Konflikt mit der freien Meinungsäußerung. Niemand würde behaupten, dass die Beleidigungsparagraphen oder der Volksverhetzungsparagraph im normalen Alltag die freie Meinungsäußerung signifikant beschneiden.[*] Sie begrenzen das Niveau nach unten. Mehr nicht.

---

[*] Oder denken wir an die Straßenverkehrsordnung. Wer würde

Die Crux an der Sache: Was als respektvoll gilt und was nicht, kann kein Sprecher alleine entscheiden. Das machen wir gemeinsam. Im Dialog.

Pech für diejenigen, die *sowohl* großmäulig reden wollen *als auch* dafür niemals auch nur in irgendeiner Weise kritisiert werden wollen. Den Menschen, die beim leichtesten Gegenwind sofort «Hilfe! Ich werde zensiert!» rufen, kann man nur zweierlei sagen: 1. Nein und 2. Tja.

Sofern wir einen respektvollen Umgang miteinander wollen, sollten wir es also einfach auch so nennen. Das ist nämlich der Kerngedanke politischer Korrektheit. Mitglieder einer Gesellschaft sollten *achtsam* miteinander umgehen. Auch sprachlich.

Und wenn man so «frei» sein will, an die Grenze von Beleidigung, Hass, Hetze, Rassismus usw. zu gehen, dann muss man auch die *Verantwortung* für seine Sprache tragen. Sollte es zu juristischen Konflikten kommen oder zu moralischen Auseinandersetzungen mit den Mitmenschen – dann ist das halt so. Pech gehabt. In dem Fall muss man die Suppe auslöffeln.

Natürlich kann man sagen, was man will. Dann muss man aber auch damit klarkommen, dass anders reagiert wird, als man es will.

behaupten, dass die Straßenverkehrsordnung «freies Autofahren» behindert? Die meisten Menschen sagen wohl eher, dass die Straßenverkehrsordnung den Verkehr regelt. Sodass man achtsam miteinander umgeht.

Für eine Blutgrätsche fliegt man vom Platz.

PC bedeutet nicht, dass wir eine Pussy-Gesellschaft werden. Oder: ein Tanzkurs in einem Raum voller Eierschalen. Ein anständiger und praktikabler Begriff von PC setzt lediglich eines voraus: dass man sich ein wenig Gedanken um den Raum macht, in dem wir uns bewegen – und wer sich da noch so mit uns bewegt. Thorsten Denkler schrieb in der *SZ* über Politiker und PC Folgendes:

> «Sprache ist eines der schärfsten Schwerter. Gerade für Politiker. Sie sollten in der Lage sein, ihre Worte abzuwägen. Es geht da auch um politische Korrektheit. Die ist nämlich kein Zeichen von Schwäche, sondern von intellektueller Stärke. Sie verlangt Reflexion über den Zustand einer Gesellschaft. Und den eigenen Platz in ihr.»[23]

Und damit hat er recht. Unabhängig von der politischen Einstellung.

PC sollte kein linkes Instrument sein. Kein rechtes Feindbild. Auch im bürgerlich-konservativen Lager sollte man sich zu benehmen wissen. Insbesondere dort! Jemand, der Anstand und Stil für sich beansprucht, muss genau das können: sich Gedanken machen über den eigenen Platz in der Gesellschaft. Wo man selbst steht und wo die anderen. Was man sagt und was lieber nicht. Aus Rücksicht. Weil es wenig Sinn hat, sich absichtlich oder auch unabsichtlich gegenseitig auf die Füße zu treten.*

In letzter Zeit ist es modern geworden, genau hierauf zu verzichten. PC-Kritiker vernachlässigen das, was bisher als so wichtig herausgearbeitet wurde: den Kontext zu beachten. Und somit auch den Sprecher. Nicht nur das Gesagte. Das Interessante ist ja gerade der Gesamtzusammenhang.

PC-Gegner achten nämlich fast ausschließlich auf die Sprache und ignorieren den Sprecher und seine soziale Einbettung. Dass Zeiten und Menschen und Situationen sich geändert haben, ist ihnen egal. Doch die gute alte Zeit ist vorbei, Clint Eastwood. Deswegen stell dich nicht so an. Sei keine Pussy.

Ein sinnvolles Verständnis von politischer Korrektheit ist gleichbedeutend mit sozialer Achtsamkeit und respektvollem Umgang. Indem man seine Sprache be-achtet, achtet man sein Gegenüber. Das ist Wertschätzung – und somit das Gegenteil von Beleidigung. Denn die Beleidigung ist Abschätzung.

Bei sozialer Achtsamkeit kann es sich also nicht um einen Knebel handeln, nicht um eine Zensur und schon gar nicht um eine Meinungsdiktatur linkspolitischer Färbung.[24]

Es ist auch keine radikale Beleidigungsvermeidung. Politische Korrektheit im Sinne sozialer Achtsamkeit ist schlichtweg ein Sprechen, das bestimmte Annahmen anerkennt.

---

* Oder auf den Sack zu gehen.

Annahme 1 ist vergleichsweise banal:

1) Sprache hat Wirkung. Deshalb hat man als Sprecher eine gewisse Verantwortung – gegenüber jenen Menschen, auf die man einwirkt.

Annahme 2 ist machtpolitisch:

2) Macht ist ungleich verteilt in unserer Gesellschaft. Diejenigen mit weniger Macht sind in einem gewissen Sinne schwächer.

Annahme 3 ist moralisch:

3) Im Umgang miteinander sollte man achtsam sein (außer man *will* absichtlich beleidigen). Das gilt für uns alle – aber besonders für die Stärkeren gegenüber den Schwächeren.

Diese drei Annahmen zeichnen hoffentlich ein Bild, das weit entfernt ist vom Zerrbild der «PC-Kritiker».* Respekt und Meinungsfreiheit sind keine Gegensätze. Eine Sprachpolitik der wechselseitigen Beachtung ist auch keineswegs so radikal wie der Verletzungsvermeidungs-Exzess an einigen amerikanischen Unis. Ein Exzess ist bekanntlich nie langfristig gut – und kippt irgendwann in Katerstimmung um.

Soziale Achtsamkeit lässt auch Raum für Beleidigungen.

---

* Verzerrte PC-Kritik ist übrigens nicht immer harmlos. Ein großer Kritiker von politischer Korrektheit heißt: Anders Behring Breivik. In seinem «Manifest» wütete er nicht nur gegen Feminismus und Islam – sondern auch gegen politische Korrektheit. Bevor er ein Terrorist wurde, war Breivik ein Populist.

Jedoch können die Rüpel dann nicht mehr die Ich-hab-doch-nix gesagt-Karte ziehen. Man muss verletzende Äußerungen anerkennen und dafür geradestehen, dass man sie gesagt hat. Wie Günther Oettinger, der anerkennen musste, dass seine Rede von den chinesischen «Schlitzaugen» eben nicht achtsam genug war.[25] Oder Joachim Herrmann, der verwundert feststellte, dass Roberto Blanco für viele Menschen kein «wunderbarer Neger» ist.

So gesehen ist *Political Correctness* ein Etikettenschwindel. Wenn es sich in erster Linie um ein bewusstes, aufmerksames Sprechen handelt, sollte man nicht von *Political Correctness* sprechen – sondern von *Social Awareness*. Denn darum geht es: um einen bewussten Umgang mit Sprache, der niemanden unabsichtlich beleidigt und diskriminiert. Um ein gesellschaftliches Bewusstsein für Sprache und ihre Wirkung. PC ist lediglich ein Kampfbegriff derjenigen, die darüber frustriert sind, dass sich Zeiten ändern. Und mit ihnen die Sprache.

Wenn du dennoch beleidigen und diskriminieren willst, nur zu. Du musst die Wirkung deiner Worte aber anerkennen. Die Gegenreaktionen hinnehmen. Du musst für das, was du sagst, *im Heute* geradestehen. Selbst wenn du damals noch in der Negerkusszeit aufgewachsen bist.

Insofern plädiere ich dafür, den Ausdruck «politische Korrektheit» aus Grunden der politischen Korrektheit nicht mehr zu verwenden. Ab jetzt. Sofort. Aus. Ende. Zensiert.

MEIN WORT ALS WAFFE:
BELEIDIGUNG UND MACHT

Beleidigen heißt, dass Menschen zueinander in einer Wechselbeziehung stehen. Oder anders: Alles Handeln findet in einem Raum statt. Durch jede neue Handlung verändern sich die Beziehungen der Menschen im Raum. Das gilt auch für Beleidigungen.

Der soziale Kontext ist entscheidend für das, was passiert, und dafür, wie wir etwas erleben. Ein und derselbe Satz wirkt unterschiedlich, je nachdem, wo er geäußert wird: auf der Weihnachtsfeier, im Bus, im Vorstellungsgespräch, beim ersten Date, in der Stammkneipe, im Ehebett, in einer Talk-Show oder auf einer Beerdigung. Nicht nur der Ton macht die Musik – sondern auch der Raum, in dem Ton und Musik erklingen.

Entscheidend ist der gesellschaftliche Zusammenhang. Ihn erfährt man durch die W-Fragen:

Wer sagt was warum zu wem? Wie stehen die Protagonisten zueinander? Wer bist du, und wer bin ich?

Das Stichwort lautet: Macht.[*]

Ende 2016 wurde Donald Trump zum Präsidenten der Vereinigten Staaten von Amerika gewählt. Im Januar 2017

---

[*] Die dunkle Seite.

wurde er vereidigt. Für die politische Welt war das die Mutter aller Überraschungen.

So jemand will Politiker werden? Meinetwegen. Präsidentschaftskandidat? Wird er im Leben nicht.

Präsident der USA? Unmöglich.

Und dann rieben sich viele verwundert die Augen. Wie nach einem Hole-in-one von einem, der noch nie Golf gespielt hat.*

Die Welt war geschockt. Warum?

Donald ist jemand, der außergewöhnlich spricht. Gelinde gesagt. Donald beleidigt, pöbelt, provoziert. Donald Trump ist ein stinkreicher Mann, der scheinbar ungefiltert und hemmungslos seine Gedanken in die Welt hinausfurzt.

Und jetzt ist er der Präsident der Vereinigten Staaten von Amerika. Die Leute haben ihn gewählt. Zuhauf.

Jetzt kommt der Clou. Zwar haben viele von Trumps Wählern zähneknirschend über seine verbalen Attacken hinweggesehen. Allerdings haben nicht wenige Menschen Trump ihre Stimme gegeben, *gerade weil er beleidigt*. Weil sie seine Sprüche gut finden.

Beleidigen? Trump kann es. Er pöbelt und provoziert, dass sich die Balken biegen. Und er kann es sich erlauben. Auch das ist eine Frage der Macht.

Denn nicht jeder kann sich eine große Klappe leisten.

---

* Donald Trump selbst hat ja vor seiner Kandidatur mehr Erfahrung im Golfspielen gesammelt als im Politikmachen.

Wer sich was leisten kann, wer was in einer Gesellschaft darf – das sind Fragen der Machtverhältnisse.

Mächtige Menschen dürfen mehr. Ein Chef kann anders mit seinen Angestellten umgehen als sie mit ihm. Dadurch, dass Rechte und Pflichten sich unterschiedlich verteilen, entsteht eine Hackordnung.

Ein klassisches Beispiel: Das Machtverhältnis zwischen Lehrer und Schüler. Es ist grundlegend asymmetrisch. Der eine benotet, der andere *wird* benotet. Der Lehrer lehrt, der Schüler lernt. Der Lehrer hat nicht nur einen Wissensvorsprung, sondern auch einen Machtvorteil.

Die Zusammenarbeit beinhaltet auch mögliche Sanktionen – von Lehrer zu Schüler. Nicht umgekehrt. Der Lehrer kann den Schüler nachsitzen lassen. Oder einen Brief an die Eltern des Schülers schreiben. Grundsätzlich kann ein Schüler auch einen Brief an die Eltern des Lehrers schreiben – es wird aber wohl kaum denselben Effekt haben.

Gegenüber «Untergebenen» sitzt die Zunge des Überlegenen locker. Weil man wenig zu befürchten hat. So gibt es Lehrer, die ihrem Schüler, der in einer Klausur lediglich ein «ausreichend» geschrieben hat, zwinkernd mit auf den Weg geben: «Die Vier ist die Eins des kleinen Mannes.» Derselbe Schüler kann sich nach einer langweiligen Unterrichtsstunde allerdings *nicht* an den Lehrer wenden und sagen: «Die Routine ist die Perfektion des kleinen Mannes.»

Die Machtfrage gilt allgemein als schwierig – jede Situation hat ihr Sagbares und Nichtsagbares. Doch nicht nur jede Situation: auch jede Zeit.

Früher grenzten klare Benimmregeln Gesellschafts-schichten voneinander ab. Es war eindeutiger, was als Beleidigung gilt und was nicht. Und die Folgen waren ganz andere. Wenn ein Kind seinen Lehrer falsch ansprach, wurde es vielleicht sogar geschlagen (falls es überhaupt das Glück hatte, eine Schule zu besuchen).

Heute ist die Situation unübersichtlicher geworden. Kleinigkeiten wie Menschenrechte, Demokratie und freie Meinungsäußerung haben unseren Umgang miteinander zum Positiven hin gelockert. Es gibt einen Pluralismus der Lebensentwürfe. Das hat gleichzeitig vieles verkompliziert. Auch die Machtverhältnisse.

Wer mehr Macht hat, hat mehr Autorität. Und Autorität ist nicht nur Einfluss, sondern auch Ansehen. Eine Beleidigung kratzt wiederum genau daran. Am öffentlichen Bild des anderen. So gesehen ist die Beleidigung der Schlüssel am Autolack des Egos. Ritsch, ratsch – und der Aufschrei ist groß.

Besonders große Egos und besonders dicke Autos lassen sich ungern ankratzen. Die Mächtigen und Reichen haben in der Regel auch die besseren Anwälte.

Allerdings steht fest: Beleidigungen können schwächen. Auch die Mächtigen. Um die Autometapher totzufahren: Mit einem komplett zerkratzten Auto will sich niemand mehr zeigen.

Leute wie Donald Trump wissen, dass Beleidigungen einen Gegner schwächen. Das weiß grundsätzlich jeder, der schon selbst einmal in der Schule gemobbt hat oder gemobbt wurde.[*] Oder es auch nur miterlebt hat. Ein Mensch – beim Mobbing oft eh schon der Schwächere – geht in der Regel geschwächt aus einer Konfrontation heraus.

Natürlich fällt eine Konfrontation auch auf den Aggressor zurück: Wer andauernd beleidigt, gilt schnell als Schandmaul. Wer Schwächere niedermacht, gilt schnell als Arschloch.[**]

In der Regel schwächt die Beleidigung aber mein Gegenüber. Vor allem dann, wenn es ein Publikum gibt. Wenn viele Augen zusehen und viele Ohren zuhören. Heute, im Zeitalter sozialer Medien, gilt das mehr denn je.

Die Öffentlichkeit ist bei einer Herabwürdigung das A und O. Deswegen liebt Donald Trump Twitter. Er kann kurze Salven abfeuern. Einzeln oder halbautomatisch – immer raus damit. Bäm, Bäm, Bäm.

Beleidigungen von mächtigen Menschen wie Donald Trump haben so gesehen eine doppelte Funktion: Einerseits wird der Gegner – sei es Clinton oder CNN oder «die Medien» – durch die Beleidigung angegriffen; und so hoffentlich geschwächt. Und zwar in der öffentlichen Meinung. Es geht auch hier erneut und explizit nicht um individuelle Gefühle. Ob Hillary Clinton oder die Mitarbeiter von CNN oder, noch unwahrscheinlicher, jeder aus «den

---

[*] Laut einer PISA-Studie der OECD (2017) wird circa jeder sechste 15-jährige deutsche Schüler regelmäßig Opfer von Schul-Mobbing.
[**] Oder, leider, je nach Arschlochigkeit des Umfelds: als Held.

Medien» sich persönlich *gekränkt fühlt*, ist nebensächlich bis unwichtig. Wichtig ist, dass die Beleidigung durch den öffentlichen Raum hallt und auf interessierte bis amüsierte Ohren trifft.

Die erste Funktion ist nämlich, das Ansehen des Gegners in der Öffentlichkeit zu verringern und ihn somit zu schwächen.

Zweitens schwächt der Beleidiger nicht nur, sondern stärkt bestenfalls auch. Und zwar sich selber. Das funktioniert zugegebenermaßen nicht überall. Bei Omas neunzigstem Geburtstag wirst du dein Ansehen wohl kaum durch gezielte Beleidigungen stärken können.[*] Vielerorts ist das anders.

Eine gezielte Herabsetzung des anderen hat strategische Relevanz. Jedes Mal, wenn Trump von Hillary Clinton als «crooked Hillary» sprach, war es ein Beleidigen in diesem machtpolitischen Sinne. «Crooked» wird in der Bedeutung von «betrügerisch», «korrupt» verwendet. Durch jede gebetsartige Wiederholung dieser Beleidigung hat Trump das öffentliche Bild von Hillary negativ beeinflusst – beschmutzt, möchte man sagen. Sie diffamiert. Und zwar nachhaltig. Auch jetzt, nach der Wahl, wird einem das Wort «Hillary» von Google vorgeschlagen, wenn man «crooked» eingibt. Anschließend liefert die Suchmaschine um die eine Million Treffer.

Gleichzeitig steckt in so einer Aussage eine Antithese.

[*] Einen Versuch ist es aber vielleicht wert!

Wenn jemand «Du bist korrupt» sagt, schwingt ein leiseres «Und ich nicht» mit. Ganz egal, ob es stimmt. Vielleicht ist Trump zehnfach korrupter. Oder er selbst ist ein Saubermann und hat mit seiner Kritik recht; das ist zunächst egal. Es geht dem Beleidiger nämlich in erster Linie gar nicht um eine Tatsachenbehauptung.[*] Der Wahrheitsgehalt ist Nebensache. Es geht primär um die Herabsetzung des Gegners und somit die Heraufsetzung von sich selbst.

Jedenfalls stärkt die beleidigende Behauptung im Idealfall den Redner und schwächt den Gegner.

Die Doppelstrategie vom Beleidigen als Machtspiel ist: Nach meinem Angriff stehe ich besser da – und du schlechter. Zwei Fliegen mit einer Klappe.

Darüber hinaus gibt es einen weiteren erstaunlichen machtpolitischen Aspekt von Beleidigungen. Sie können *sinnstiftend* wirken. Eine Beleidigung bedeutet ja oft, dass

---

[*] Natürlich ist es nicht schlecht, dass es sich zumindest um eine «potenzielle Tatsache» handelt. Seine Aussage – Hillary ist korrupt – könnte ja zutreffen. Es kommt auf den Korruptionsbegriff an, aber im Großen und Ganzen gab es einen üblen Beigeschmack, was Hillarys Geldgeschäfte anging. Insofern war es keine grundlose Beleidigung. So wird die Beleidigung effektiv: weil sie das öffentliche Bild von Hillary trifft. Eine absurde, offensichtlich falsche Beleidigung hätte nicht denselben Effekt gehabt. Hätte Trump Hillary eine «geisteskranke Prostituierte» genannt, wäre das eher auf ihn zurückgefallen. Denn diese Beschreibung ist zwar beleidigend, trifft aber weder Hillary persönlich noch das öffentliche Bild von ihr.

man *gegen* etwas oder jemanden ist. So verbrüdert man sich mit jenen, die *auch dagegen* sind.

Die Hillary-Hasser sind ein Lager.

Merkel-Beleidiger sind ein Lager.

Die ACAB-Schmierer sind ein Lager.

Das heißt nicht, dass alle in diesem Lager exakt dieselben Ziele haben. Oder sich alle untereinander verbrüdern. Im Gegenteil: *Ein* Lager kann *viele* Zelte haben.

Die Antihaltung ist das Fundament, das vereint. Der gemeinsame Nenner.

Man unterscheidet sich «von allen anderen». Also denjenigen, die nicht zur Gemeinschaft der Hillary-Hasser, Merkel-Beleidiger oder ACABler gehören wollen.

Die Maxime aus Perspektive des Beleidigers lautet: Entweder du bist für mich, oder du bist gegen mich.

Man muss sich für eine Seite entscheiden. Die des Beleidigers oder die Seite derjenigen, die damit nichts am Hut haben wollen.

So entsteht Sinn. So entsteht Identität. Genauer gesagt: So entsteht ein Wir.

Schalke-Fans beleidigen Dortmund-Fans. Und umgekehrt. Das ist die sinnstiftende Funktion von Beleidigungen.

Dass ich gegen etwas bin, heißt nämlich oft, dass ich für etwas anderes bin.

Die Rechten werden in den Augen der Linken zu dummdeutschen «besorgten Bürgern» – oder gleich zu «Nazis».

Die Linken werden in den Augen der Rechten zu «Gutmenschen», «Bahnhofsklatschern» – oder gleich zu «Volksverrätern»*.

Die Wortwahl ist sinnstiftend für den Sprecher. Er verbindet sich mit einer Sprach- und Denkgemeinschaft. Denn wer andere für «Nazis» hält, wird montags nicht «fürs Vaterland» demonstrieren. Wer «Gutmensch» sagt, gibt keinen ehrenamtlichen Deutschunterricht für Flüchtlinge. Wortwahl lässt mitunter sehr tief blicken.

Durch die Verwendung einer bestimmten Sprache ordnen wir uns einer Gruppe zu. Einer Gemeinschaft. In diesem Sinne sind auch Beleidigungen sinnstiftend. Ausdrücke einer Gemeinschaft können Weltanschauungen verkörpern.

Beleidigungen schweißen freiwillige Mitglieder von Gruppen zusammen. Einerseits. Andererseits *spalten* sie. Wenn du ein fröhliches «Fickt euch!» rufst, wirst du in der angefeindeten Gruppe keine neuen Freunde finden. Du spaltest dich ab. Freunde finden kannst du dann bei denen, die deinem «Fickt euch!» applaudieren.

Beleidigungen haben die Macht, Menschen zu verbinden – und sie gleichzeitig von anderen Menschen zu trennen.

Trump oder Hillary. Schalke oder Dortmund. Helene Fischer oder richtige Musik.

Sag mir, wen du beleidigst … und ich sage dir, wer du bist.

---

* Übrigens ein waschechter Nazibegriff – und Unwort des Jahres 2016.

Dass die Staatsmacht einen Sprecher wegen seiner Beleidigungen (auf Antrag, nicht von sich aus) zur Rechenschaft ziehen kann, das haben wir bereits gesehen. Beleidigungen können Geld kosten. Die Beleidigung ganzer Gruppen ohne Rücksicht auf die Menschenwürde kostet richtig Geld, heißt Volksverhetzung und ist unmoralisch hoch zehn. Insofern ist klar, dass sich Beleidigungen nicht *immer* positiv auswirken auf die eigene Macht, den eigenen Einfluss und das eigene Ansehen.

Bestimmte Voraussetzungen sollten im Optimalfall gegeben sein.

Den Sprecher betreffend sind es vor allem folgende:

1) Relative Unabhängigkeit.
2) Bereitschaft zur Grobheit.
3) Bereitschaft, mit dem eigenen Ruf zu spielen.

Relative Unabhängigkeit hat man dann, wenn man entweder ganz unten ist oder ganz oben. Jemand, der ganz unten ist, dem kann man kaum mehr etwas nehmen. Darin besteht seine Unabhängigkeit. Man kann sich zum Beispiel diejenigen Wutbürger darunter vorstellen, die *wirklich* gesellschaftlich benachteiligt sind (und nicht wütende Mittelschicht). Arme Rentner, Hartz-4-Empfänger, Wendeverlierer, junge Perspektivlose und so weiter. Grundsätzlich jeder, der aufgrund seiner gesellschaftlichen Position und seiner finanziellen Mittel massiv benachteiligt ist.

Oder man ist das Gegenteil: Trump und Konsorten. Beide Gruppen (also die Bürger ganz unten und die ganz oben) sind auf ihre Art und Weise relativ[*] unabhängig. Wer in einem deutlichen Abhängigkeitsverhältnis zu anderen steht, läuft eine höhere Gefahr, Macht, Ansehen und Einfluss zu verlieren. Ein Spitzensportler, der Respektloses sagt, kann leicht seine Sponsoren verlieren[**] oder in der öffentlichen Meinung sinken. Ein Politiker kann aus seiner Partei fliegen. Immer häufiger ist von Menschen zu lesen, die auf Facebook hetzen, wüten und beleidigen – und dann ihren Arbeitsplatz verlieren. Ob man es nun als Denunziertwerden oder als «gerechte Strafe» abtut, wenn man beim Arbeitgeber gemeldet wird: Klar ist, dass das Abhängigkeitsverhältnis diesen Machtverlust bedingt. Wer keinen Job, keine Sponsoren, keinen Club oder keine Partei hat – der kann diesbezüglich nichts verlieren.

Ganz oben und ganz unten hat man mehr Narrenfreiheit.

Die Bereitschaft zur Grobheit und die Bereitschaft, mit dem eigenen Ruf zu spielen, hängen zusammen. Wer häufig grob ist, gilt irgendwann als grober Mensch. Dann ist man der schlechte Chef, der gemeine Lehrer, der gehässige Kollege. Nimmt man es in Kauf, als solcher zu gelten, dann kann man seine Mitmenschen leichter durch Beleidigungen schwächen.[***]

---

[*]   Natürlich gelten für beide Gruppen unter anderem die Gesetze ihres jeweiligen Staates. Niemand ist absolut unabhängig.
[**]   Oft heißt es dann, Äußerungen würden nicht «mit den Werten der Marke übereinstimmen».
[***] Allerdings wird man kaum noch zu Partys eingeladen.

Tatsächlich gilt die Redewendung: Ist der Ruf erst ruiniert, lebt es sich ganz ungeniert. Sie gilt für einen Donald Trump gleichermaßen wie für einen Lutz Bachmann. Denn man fragt sich: Was soll bei *der* Vorgeschichte bitte schön noch kommen? Da ist Hopfen und Malz verloren.

Trump hat es interessanterweise geschafft, mit jedem seiner Ausfälle, jeder Beleidigung und jeder Gemeinheit die «Grenze des Sagbaren» zu verschieben. Die Mexikaner, die Muslime, sein zügelloser Sexismus.

Jedes Mal hieß es: Das war's jetzt. Der berühmte Tropfen, der das Fass zum Überlaufen bringt. Doch das ist schlichtweg nicht passiert. Diejenigen, die ihn schon vorher nicht mochten, mochten ihn weiterhin nicht (warum auch?). Diejenigen, die ihn vorher schon mochten, mochten ihn weiter oder liebten ihn gar noch inniger. «Der redet wie wir!» Unser Schandmaul. Einer von uns.* So kann Sprache ein Wir erschaffen – und festigen.

Das ist die zusammenschweißende Wirkung beleidigender und «dreckiger» Sprache. Sie erzeugt Nähe zu denen, die diesen Tonfall formal und inhaltlich wollen – und stößt jene ab, die ihn formal und inhaltlich *nicht* wollen. So verstehen sich die Negersager untereinander ebenso wie die Nicht-Negersager. Es entsteht Gemeinschaft durch

---

* Das ist übrigens keine Eigenheit von Trump. Die Verkumpelung mit den Respektlosen und den Großmäulern ist ein internationaler Taschenspielertrick vieler Populisten.

Sprache. Beleidigende Sprache. Auch das ist die Magie der Beleidigungen.

In der Öffentlichkeit handeln auch viele andere Menschen, die nicht Politiker sind. Auch sie laufen Gefahr, beleidigt zu werden. Vor allem durch ihr Publikum. Die Öffentlichkeit.

Journalisten sind hier besonders hervorzuheben. Ihre Arbeit ist von einer Doppelbeziehung geprägt. Sie *arbeiten für* und *leben von* ihrem Publikum. Doch nicht jedem gefällt der Dienst an der Gesellschaft, den Journalisten leisten. Und manche, denen journalistische Beiträge nicht gefallen, verfassen daraufhin das Gegenteil von Fanpost: Hassmails. Der Grund muss nicht einmal direkt mit der Arbeit des Journalisten oder der Journalistin zusammenhängen. Nein, viele Hassmails sind vor allem: ad hominem.

Sie richten sich direkt gegen die jeweilige Person.

Die Sachebene wird übersprungen.

Die Beleidigung von Journalisten ist ein Versuch der politischen Einflussnahme. Die Beleidiger wollen jemanden, der Unliebsames berichtet, zum Schweigen bringen. Oder einfach jemanden einschüchtern, der «eine unliebsame Person ist».[*]

---

[*] Die Autorin und Journalistin Mely Kiyak sagte in ihrer Festrede zum Otto Brenner Preis 2016: «Woche für Woche hagelt es Empörung, Beschimpfung, Anzeigen, Drohungen. Selten handelt ein Brief davon, wovon ich schrieb, sondern meist davon, dass ich schrieb.» Undemokratischer geht es kaum.

Widmen wir uns noch mal dem Raum, in welchem Kommunikation stattfindet. Kommunikation als Beziehung zwischen Menschen findet immer in einem Raum statt – in einer Situation.

In einem Video von 2005 prahlt Donald Trump damit, welches Verhalten er im Umgang mit Frauen an den Tag legen kann. Als Star könne er alles machen. Ohne Vorwarnung küssen. Einer Frau einfach so in den Schritt greifen. «You can do anything!»

Grab 'em by the pussy

Als dieses Video im Wahlkampf 2016 wieder auftauchte, beherrschten Trumps Aussagen tagelang die Medien. Denn US-Amerikaner verzeihen so einige Grobheiten, aber ungern sexuelle Anzüglichkeiten oder Sprüche oder Taten, die gegen die herrschende Sexualmoral gehen. Gewalt ja, Sex nein. Kennt man ja auch so aus Hollywood.

Eine Entschuldigung musste also her. Und die ist das eigentlich Interessante. Spannender, als was Trump im Detail gesagt hat.

Halb Erklärung, halb Entschuldigung war: Das sei «Locker Room Talk». Also: Umkleidekabinen-Gerede.

Soll heißen: So reden Jungs halt, wenn sie unter sich sind. Stellt euch nicht so an. Boys will be boys. Clint Eastwood lässt grüßen.

Das war eine Ausrede. Eine, die man ihm auch nicht so wirklich abnahm. Einerseits ist Trump bekannt für sein sexistisches Gerede, andererseits sind nicht alle Männer knallharte Sexisten, sobald sie eine – von den Frauen getrennte – Umkleidekabine betreten.

Vor allem eine Gruppe fand dieses Gerede gar nicht gut. Also neben so ziemlich allen Frauen überall. Und das waren: männliche Sportler.

Trump sagte ja: So reden wir halt, wenn wir unter uns sind. Wir harten Kerle. Muskulös und voller Testosteron.[*]

Die wirklich harten Kerle widersprachen Trump: So redet man bei uns Sportlern nicht. Nicht in der Umkleidekabine. Für solches Gerede ist hier kein Platz.

Trump hatte mit seinem Vergleich offenbar unrecht. Recht hatte er dennoch mit einer Sache: Die berühmten «Grenzen des Sagbaren» sind tatsächlich ortsabhängig. Situativ.

Auch das ist ein Merkmal sprachlicher Macht. Sie ist nicht nur personengebunden, sondern auch ortsgebunden. In der Eckkneipe hat der Lehrer weniger zu kommandieren als im Klassenzimmer. Der Taxifahrer kann dort freier sprechen als im Taxi. Der Aufsichtsratsvorsitzende dominiert den Aufsichtsrat, nicht aber die Sauna.

Was beleidigt, ist auch eine Frage, *wo* gesprochen wird.

Der Raum bedingt die Machtverhältnisse mit.

Das gilt auch für Beleidigungen. Grenzüberschreitungen

---

[*] Schön übrigens, dass Trump sich – wenn auch nur metaphorisch – zu den Profisportlern zählt. Als siebzigjähriger, birnenförmiger Mann.

sind situativ, denn die Grenzen, die es zu überschreiten gibt, variieren von Raum zu Raum.

Und seit circa einem Vierteljahrhundert hat sich eine Tür in einen neuen Raum geöffnet. Genauer gesagt ist es ein Nichtraum. Oder: unendlich viele Räume. Quasi grenzenlos und mit Platz für Milliarden von Stimmen.

Ich spreche vom Internet.

ASOZIALE NETZWERKE:
HASS IM NETZ

Es gibt sie: Die großen Umbrüche in der Geschichte der Menschheit. Die Welt nimmt anschließend einen neuen Lauf. Plötzlich ist nichts mehr wie zuvor.

Da sind zum Beispiel: der Buchdruck. Die interkontinentale Seefahrt. Die Französische Revolution. Facebook.

Kleiner Scherz.

Obwohl …? Vielleicht auch kein Scherz!

Mehr als zwei Milliarden Menschen benutzen Facebook monatlich[*] – und nicht wenige benehmen sich dort unter aller Sau.

Zivilisierte Menschen werden plötzlich im Netz zu Monstern. So scheint es zumindest. Vielleicht ist die Wahrheit auch komplizierter: Das Internet befreit das Monströse in uns.

Eine neue Ungehemmtheit greift nämlich um sich. *Wutbürger unchained.* Beleidigende und oft auch rassistische Sprüche, wilde Tiraden, unverschämte Bilder und hasserfüllte Artikel – all das wird relativ bedenkenlos geteilt. In den Kommentarspalten sind geistige Tiefschläge zum Volkssport geworden. Der Ton wird rauer. Vor allem auf

---

[*] Stand Juni 2017.

Facebook und Twitter schenkt man seinem Gegenüber nichts.

Unter echtem Namen geben Bürger öffentliche Kommentare ab, die derb daneben sind. Sachen, die man im echten Leben wohl eher nicht sagen würde. Zu unhöflich, zu extrem. Aber im Netz: Kein Problem. Die Sprecher sehen sich selbst dabei nicht nur frei von jeder Schuld, sondern *im Recht*. Denn endlich gibt es Facebook. Freie Bürger, freie Meinung.

Fest steht: Auch im Internet gilt die Meinungsfreiheit. Man kann seine Meinung frei entfalten. Darin besteht das Wunder der Vernetzung. Ich kann weltweit Menschen erreichen. Meinungen und Sichtweisen austauschen. Kommentieren. Bei Bedarf philosophische Diskussionen führen. Meinen Horizont erweitern. Und das alles, ohne eine Hose anziehen zu müssen.

Kurz: Das Internet ist vor allem eine soziale Plattform. Es vernetzt nicht «nur» Computer, sondern vor allem die Menschen hinter den Computern.

Neben der Möglichkeit der globalen Kontaktaufnahme und des Austausches* bietet das Internet die Möglichkeit des Schlagabtausches. In der Menschheitsgeschichte war es nie einfacher, jemandem auf einem anderen Kontinent oder in einer anderen Stadt auf den Schlips zu treten. Das geht ruck, zuck. Fast in Echtzeit. Sprich: Das Internet vernetzt auch die Mittelfinger der Menschheit.

* Vor allem von Katzenbildern. Und Pornographie.

Dein Lieblingsschauspieler hat plötzlich eine dämliche Frisur? Lass es Twitter wissen. Deine Klassenkameradin von früher sieht auf dem Facebook-Foto plötzlich ganz schön fett aus? Schreib einen lustigen Kommentar. Ein Politiker sieht die Welt anders als du? Schreib ihm. Immerhin lebt der faule Sack von deinen Steuern.

Fast jeder hat heute eine Facebookseite. Einen Twitter-Kanal oder YouTube-Channel. Und für viele Personen des öffentlichen Lebens*, also Journalisten, Musiker, Politiker und Künstler usw. – für die allermeisten von ihnen überwiegt der Vorteil. Man ist schnell im Gespräch mit Fans. Man kann seine Arbeit verbreiten. Auch mal Witze machen, sich menschlich zeigen. In der Regel übersetzt sich eine gutgepflegte Online-Präsenz zunächst in Aufmerksamkeit und die Aufmerksamkeit bestenfalls anschließend in Geld. Das gilt wegen der Interaktivität vor allem für die sozialen Netzwerke.

Das Teilnehmen an den Inhalten, die andere auf Facebook teilen, gibt den Beteiligten ein Gefühl der Nähe. Bei «normalen Menschen» und «normalen Freunden» ist dieses Näheverhältnis wechselseitig und auf Augenhöhe. Das geht auch ganz gut, immerhin hat man in der Regel höchstens ein paar hundert Menschen, mit denen man regelmäßig interagiert. Personen des öffentlichen Lebens

---

* So nennt man jene Menschen, die uns stets zu unserer vollsten Zufriedenheit informieren, bespaßen oder regieren – oder andernfalls fix eine Hassmail erhalten.

haben hingegen oft Tausende, Zehntausende Likes und Follower. Die Superstars sogar Millionen. Zugegeben: Die Superstars bleiben oft in ihren unberührbaren Sphären. Sie interagieren kaum mit dem niederen Volk. Wer allerdings noch keine Millionen hat – Follower und Dollar, das eine lässt sich wie gesagt irgendwann ins andere übersetzen –, der muss sich mit der Meinung von Willy Wutbürger auseinandersetzen.

Kaum zu glauben, aber sie steht plötzlich vor deiner Haustür. Die Bundestagspolitikerin Renate Künast. Unangemeldet und ganz in echt. Du kannst es nicht fassen. Sie schaut dich prüfend an. Zuvor hast du sie im Internet «Fotze» genannt. «Schande für Deutschland.» «Gesocks.» «Gesindel.»

So ging es im Sommer 2016 einigen Menschen. Die Grünen-Politikerin hat ein paar ihrer Beleidiger nämlich persönlich heimgesucht. Alle hatten sie sich zuvor abfällig auf Künasts Facebookseite geäußert.

Und jetzt die Konfrontation.

Renate Künast fragte ihre Beleidiger, was sie sich dabei gedacht haben. Was der Umgangston solle. Sie fragte eher neugierig als anklagend.

Die Reaktionen der heimgesuchten Beleidiger schwankten, wie der *Spiegel*-Reportage zu entnehmen ist, irgendwo zwischen Unglaube, Reue und Erklärungsnot.[26]

«Na, das kommt doch eben von meiner Wut her», antwortete ein Künast-Beleidiger auf die Frage, war-

um er keinen inhaltlichen Satz geschrieben habe.
Stattdessen hatte er geschrieben: «Mensch Künast,
das saudumme Geblöke von Dir und deinem grünen
Gesocks will doch keiner mehr hören, pack deine
sieben Sachen und zisch ab.»

Die eindeutige Mehrheit der Leute möchte ihre Aussage von Angesicht zu Angesicht *nicht* wiederholen. Plötzlich sind sie handzahm. Dieselben Menschen, die im Internet jede Hemmung verlieren. Dieselben Menschen, deren Kommentare schwanken zwischen Wut und Hass.

Im Internet Maulheld, zu Hause kleinlaut.

Was ist da los?

Immerhin könnten die Internet-Beleidiger bei einer Konfrontation *in real life*, wie man onlinesprachlich schon mal sagt, auch einfach weitermachen. Sie könnten sagen: «Ja. Das habe ich geschrieben. Ich bereue nichts. Und jetzt verpiss dich von meiner Haustür, du grüne Fotze.»

Tatsache ist: Das passierte jedoch nicht. Oft war gar das Gegenteil der Fall. Verschämt drucksten sie herum, entschuldigten sich voll- oder halbherzig. «Alles nicht so gemeint …»; «Ich dachte nicht, dass Sie das lesen»; «Ja, aber …»

Wie kommt es dazu, dass ein und derselbe Mensch online und offline so gegensätzlich kommuniziert? Im Internet hat man Schaum vorm Mund, erlaubt sich schamlos jede Unverschämtheit. An der Haustür hingegen ringt man um Höflichkeit, diskutiert. Ist quasi ein anderer Mensch.

«Was, wenn das alles ganz normale Leute sind?», fragte sich Frau Künast nach ihrem ersten Hausbesuch verblüfft.

Merkel bezeichnete das Internet im Jahr 2013 als «Neuland». Dafür wurde sie belächelt und verspottet. Dennoch hatte sie recht – aus zivilisatorischer Perspektive. Auf Jahrzehnte und Jahrhunderte gesehen, ist das Internet noch etwas sehr Neues. Etwas mehr als ein Vierteljahrhundert gibt es das Netz – und es entwickelt sich ständig weiter. Webseiten aus den 90ern wirken heute wie Fossilien. Jugendliche wissen nicht mehr, was ein Modem ist. Und Facebook ist, so vertraut und unverzichtbar es uns erscheint, selbst gerade erst im Teenageralter, Twitter noch jünger.

Das Internet ist für uns alle Neuland.
— *Angela Merkel*

Bei aller Mühelosigkeit in der Bedienung sollte man sich die Seltsamkeit dieser Kommunikationsform mal vor Augen führen. Wenn wir über soziale Netzwerke miteinander sprechen, sind wir erreichbar, aber abwesend.

Im Zeitalter der Briefe hat man noch wochenlang auf eine Antwort gewartet. Warten *müssen*. Notgedrungen und so geduldig, wie es ging. Dann kamen nach und nach Telefon, Fax, SMS und E-Mail. Die Möglichkeiten der Distanzkommunikation vergrößerten sich über die Jahrzehnte.

Der technische Fortschritt erlöste die Menschheit von unnötiger Wartezeit. Die Folge: Wir sind ungeduldig geworden.

Wenn unser Gegenüber heutzutage einen halben Tag bis zur Antwort auf eine WhatsApp-Nachricht oder eine Facebook-Nachricht verstreichen lässt, sind wir kurz davor, eine Vermisstenanzeige bei der Polizei aufzugeben.

Briefe, Telefon und Internet – sie alle haben eines gemeinsam. Es handelt sich um *entkörperte* Kommunikation. Mein Gegenüber steht mir nicht mehr gegenüber. Es ist abwesend, aber erreichbar.

Das gilt auch für Beleidigungen. Noch nie war es einfacher, jemanden sprachlich anzugreifen, ohne sich der Möglichkeit einer Ohrfeige auszusetzen. Die entkörperte Kommunikation steigert unsere Reichweite und mindert die körperliche Präsenz, die normalerweise unserem menschlichen Miteinander innewohnt. Das hat psychische Folgen.

Die Grundlage des Umgangs ändert sich dadurch radikaler, als wir zunächst meinen. Nicht nur, was die Ohrfeigen angeht.

In der Kognitionswissenschaft gibt es seit Jahren eine Hinwendung zur philosophischen Bedeutung des Körpers.[27] Die These lautet etwas verkürzt: Unsere Haltung zur Welt, das heißt unsere Wahrnehmung und unsere Gefühle und so ziemlich alles, wird *verkörpert*. Damit ist nicht – ganz banal – gemeint, dass zum Beispiel ein Rollstuhlfahrer die Welt anders wahrnimmt als jemand ohne Rollstuhl.

Die Verkörperungsthese ist noch drastischer: Es ist *nicht* so, dass wir einerseits einen Geist haben und andererseits

einen Körper. Einen Geist als «Steuermann» im Kopf, der die davon abgetrennte Körpermaschine bedient. Im Gegenteil. Körper und Geist, so die zeitgenössische Forschung, sind stark miteinander verbunden. Psyche und Körper bedingen sich gegenseitig. Das In-der-Welt-Sein mit Körper und Geist ist nämlich vor allem eines: ein Sein von Körper *und* Geist. Als Einheit.

Diese neue Sichtweise ist auch deshalb spektakulär, weil sie sich gegen die traditionsreiche Sichtweise auf Körper und Geist (oder Leib und Seele) wendet. René Descartes hat das seinerzeit radikal unterschieden. Er sagte in etwa: Es gibt das Körperliche und das Geistige, und das sind zwei verschiedene Paar Schuhe.*

Diese klassische Trennung wird heute angezweifelt. Stattdessen wird eine untrennbare Einheit betont. Die Embodiment-Philosophen sagen: Wir sind auf ganz fundamentale Weise Körpermenschen. Durch unser körperliches Sein begreifen wir die Welt.

Doch auf Facebook oder Twitter gibt es keine Körper.

Warum ist das wichtig?

Es ist wichtig, weil die entkörperte Kommunikation unseren Umgang miteinander verändert.

Wenn wir uns gegenüberstehen, merke ich schneller, wie es dir geht. Ich merke es auch, falls ich dich kränke. Du musst nicht sagen: «Ich fühle mich gekränkt.» Nein: Ich *sehe* das. Durch deine Mimik, Stimme, Körperhaltung, Handbewegungen. Das alles und noch viel mehr.

Wenn du dich empörst, wenn du dich gedemütigt fühlst, wenn du schmollst – das sind körperliche Dinge.

Diese körperliche Seite ist nicht lediglich der Ausdruck eines körperlosen geistigen Zustands. Ein Schmollen oder ein Empören ohne Körperkomponente ist nur schwer vorstellbar. Die Verkörperungsthese besagt deswegen: Der geistige Zustand ist nur das, was er ist, *weil* er in der Welt verkörpert wird.

---

* Na gut: Descartes sagte nicht «Schuhe», sondern «Substanzen».

Das erklärt auch, warum die Beleidiger* von Frau Künast im Internet so richtig auf die Kacke hauen – offline aber nur noch ein Bruchteil der Wucht vorhanden ist. Die Beleidiger selbst erleben den Unterschied zwischen entkörperter und verkörperter Kommunikation. Plötzlich steht da ein echter Mensch. Leibhaftig.

Es ist etwas anderes, jemandem in die Augen zu schauen und ihn «Gesindel», «Fotze», «Schande» zu nennen, als es im Internet auf eine leblose Pinnwand zu schreiben. Selbst für den Fall – wie gesagt, einige Beleidiger von Renate Künast entschuldigten sich offenbar recht glaubwürdig bei der persönlichen Konfrontation –, dass man immer noch hinter allem steht, was man ins Netz *geschrieben* hat, würde man es von Angesicht zu Angesicht nicht so *sagen*. Nicht im selben Tonfall. Die Hemmschwelle ist höher.

Ein interessanter Satz aus der Reportage über die Künast-Hausbesuche lautet: «Ein bisschen wirkt er, als sei er erstaunt, dass Künast überhaupt existiert.»

Das ist vielsagend.

Die Menschen im Fernsehen sind abwesend und unerreichbar. Die Menschen im Internet sind abwesend, aber erreichbar.

Ein Mensch, der wirklich vor dir steht, ist anwesend und erreichbar.

---

* Bisweilen schreibt die Presse in solchen Kontexten auch von «Kritikern». Das finde ich verharmlosend. Wir nennen Bücherverbrenner ja auch nicht «Literaturkritiker».

Bei Prominenten kommt es dann zu einem «Huch, ihn / sie gibt es ja *wirklich!*»-Effekt. Auch das kann Körperlichkeit bewirken. Einen Existenzbeweis.[*]

Aus welchen Gründen rasten Menschen im Internet aus? Was erhoffen sie sich davon?

Wir haben gesehen: Wer im Internet aktiv ist, macht sich erreichbar. In den sozialen Netzwerken sowieso. Das ist ja, nomen est omen, Sinn und Zweck der ganzen Sache.

Früher konnte dein Vater seinen Fernseher anschreien, so viel er wollte. Niemand hat mitbekommen, wie sehr er Helmut Kohl nicht leiden konnte. Höchstens die Nachbarn. Einer hat es aber ganz gewiss nicht mitbekommen: Helmut Kohl.

Heute fallen eher die Politiker, Künstler usw. auf, die *kein* Facebook und *kein* Twitter nutzen. Die meisten sind in den Netzwerken präsent. Sie sind für uns da. Körperlich abwesend, aber erreichbar.

Diese Erreichbarkeit verwenden manche Bürger nur allzu gerne gegen sie. Zwar handelt es sich um eine Minderheit, aber eine Minderheit, die aus Millionen von Menschen besteht, ist immer noch ziemlich groß.

Ein falsches Wort genügt. Jede zweite Kleinigkeit wird

---

[*] Einen Existenzbeweis, den man zwar intellektuell nicht nötig hat, der einem aber vom Gefühl her hilft, einen anderen Menschen zu begreifen. (Im Fall von YouTubern fängt man bitte in genau diesem Moment an zu kreischen.)

zum Shitstorm.* Dann wird kollektiv die Pinnwand voll-gepisst. Im Anschluss betrachtet man stolz sein Werk und wartet auf Likes.

Doch es muss gar keinen Anlass geben für Pöbeleien. Für manche Menschen ist das Online-Beleidigen ein Vollzeit-job. «Trolle» genannte Internetnutzer verweigern jede sach-liche Diskussion, indem sie ausschließlich provozieren und beleidigen. Aufmerksamkeit und Likes sind ihr Geschäft.

Auf individueller Ebene steht dahinter oft eine Erfah-rung der Selbstwirksamkeit. Ich bin jemand. Ich werde wahrgenommen. Ich wirke.

Das ist das Aha-Erlebnis vieler Agitatoren. Indem man die Schwelle der Höflichkeit überschreitet, wird man wahr-genommen. Redet man höflich und «wie alle anderen», ist man auch nur einer von vielen. Doch nennt man Merkel eine «Volksverräterin» oder Frauke Petry eine «Nazitante», geht die Party los. Man wird wahrgenommen. Es gibt Re-aktionen. Man ist wirksam.

Einerseits erntet man die Anerkennung seiner Unter-stützer – in Form von Likes oder Retweets usw. Anderer-seits ist man sich eines Aufschreis sicher. Nämlich von denen, welche die beleidigte Person unterstützen, und de-nen, welche die ehrverletzende Tonart des Beleidigers zum Kotzen finden. *Any publicity is good publicity.*

So oder so wird die eigene Wirksamkeit bestätigt. Die Provokation hat Erfolg.

* Da ist sie wieder, die bildliche Sprache!

**Also für diese abartigen Worte vom Ver-
brecher Gabriel gehört dieser standrecht-
lich erschossen!!! Dieser Assi ist weitaus
schlimmer als die Nazis!!**

Ein Facebook-Nutzer-Kommentar auf der Seite der
Polizei Sachsen. Zuvor hatte Gabriel in Heidenau
randalierende Wutbürger als «Pack» bezeichnet. Der
Kommentator wurde wegen Beleidigung zu 40 Tagessätzen à 30 Euro verurteilt.[28]

Britta Stuff ist die Journalistin, die Frau Künast bei ihren
Hausbesuchen begleitet hat. Sie befragte einen der Hetzer
nach seiner Motivation und gab seine Aussage wie folgt
wieder: «Er poste dann, was er denke, denn er habe jetzt
eine Stimme. Immer. Nicht wie früher nur alle vier Jahre.
Er poste auf vielen Politikerseiten, nur seien viele inzwi-
schen leider gesperrt. Danach fühle er sich gleich besser,
auf Augenhöhe.»[29]

Dieser Mann hatte Frau Künast unter anderem als «Gesocks» bezeichnet.

Was ist mit ihm los?

Offenbar scheint hier eine Verwechselung vorzuliegen
zwischen «seine Meinung sagen» und «jemanden aufs
gröbste beleidigen». Und dieser Herr ist damit ganz sicher
nicht allein.

«Auf Augenhöhe» ist der Beleidiger jedenfalls nicht. Auf
beleidigender Augenhöhe wäre er ja, wenn Frau Künast ihn

zuerst «Gesocks» (oder Ähnliches) genannt hätte.[*] Das ist aber nicht passiert. Er ist der Pöbler, nicht sie.

Die Grundaussage ist allerdings beachtenswert. Das Internet und die sozialen Netzwerke haben ihm also «eine Stimme gegeben» – aus einer gefühlten Ohnmacht befreit. Offenbar konnte er vorher, zumindest aus seiner Perspektive, weniger mitbestimmen. Weniger aktiv. Jetzt hat er endlich ein Wörtchen mitzureden.

Im Netz verschaffen sich Menschen Gehör. Auch wütende Menschen.

Früher gab es mehr Filter, die vorgeschaltet waren, bis man seine Meinung öffentlich kundtun konnte – das stimmt. Wer zum Beispiel einen Leserbrief in einer Zeitung veröffentlichen wollte, brauchte einen Redakteur, der sein Okay gab. Wilde Pöbeleien wurden eher nicht veröffentlicht. Im Internet kann man erst einmal schreiben und posten und kommentieren, was man will. Und vor allem: *wie* man will. Du haust wie wild in die Tasten, Buchstaben bilden Wörter, und ans Satzende kommen sieben Ausrufezeichen. Du drückst die Eingabetaste, und anschließend wird deine Tirade öffentlich. Vielleicht erreicht sie sogar ihren Adressaten. Persönlich.

Schlimmstenfalls wird der Eintrag anschließend gelöscht. Doch erst einmal steht er dort. Ungefiltert und in

---

[*] Sigmar Gabriel nannte einige Randalierer begründeterweise «Pack» – weil sie sich tatsächlich asozial verhielten. Anschließend wurde wiederum er beschimpft.

der Wortwahl, die du für richtig hältst. Im Zweifel jenseits der Grenzen der Meinungsfreiheit und im Bereich einer Straftat.

Vielleicht fühlst du dich auch gar nicht wie ein Vielleicht-schon-Straftäter. Sondern wie ein mündiger Bürger einer aufgeklärten Demokratie. Und: Vielleicht fühlst du dich danach besser.

Hass im Netz ist für manche Leute nicht nur Zurschaustellung der eigenen Wirksamkeit. Hass im Netz wirkt zudem befreiend. Dank Facebook und Co. kann jeder mal so richtig Druck ablassen. Angestaute Wut abbauen.

Das ist die Ventilfunktion von Hasskommentaren.

Der «Wutbürger» lässt seine Wut im Netz – und wird wieder zum «Bürger».[*]

Was für den Hasskommentar-Autor eine therapeutische Wohltat sein mag, ist für das Hasskommentar-Opfer noch längst keine Gratistherapie. Im Gegenteil. Des einen Freud, des anderen Leid. Gesocks, Gesindel, Fotze.

Interessant ist: Hass und Beleidigungen werden oft gar nicht als solche empfunden. Vom Absender zumindest nicht. Der Adressat sieht das meist anders.

---

[*] Wie man im Internet sagt: «Danke, Merkel».

Wir haben den von dir im Hinblick auf wegen Belästigung gemeldeten Kommentar geprüft und festgestellt, dass er nicht gegen unsere Gemeinschaftsstandards verstößt.

Auszug einer Facebook-Rückmeldung bezüglich eines gemeldeten Kommentars

Mitunter heißt es: «Was denn? Ist doch die Wahrheit.» Manch einer antwortet auch ein wenig dummdreist: «Beleidigung? Wollte ich doch gar nicht.»

Somit sind wir wieder im Bereich der Absichten. Doch eine Beleidigung muss nicht beabsichtigt sein, um eine Beleidigung zu sein. In erster Linie geht es um den Sinnzusammenhang, der zwischen Sprecher und Publikum entsteht. Ob der Sinn entsteht, den wir uns vorher genau so vorgestellt haben, ist sekundär.

Es geht nicht *vor allem* um Absichten. Das ist ein populäres Missverständnis. Ist Sprache erst einmal in der Welt – zum Beispiel als geschriebene Sprache in Form eines Kommentars –, dann hat der Sprecher keine Deutungshoheit mehr. Zumindest keine absolute. Sprachliche Bedeutung ist nun mal etwas, das zwischen uns Menschen entsteht. Auch beleidigende Bedeutung. Grundlage sind die sozialen Beziehungen und der damit verbundene intersubjektive Inhalt von Kommunikation. Auch wenn man sein «Gesocks» gar nicht so gemeint hat – tja. Als Beleidigung gilt es dennoch.

Ein kleiner Perspektivwechsel würde schon helfen.

Man stellt nämlich die eigene Gefühlswelt über die Gefühlswelt eines anderen Menschen. Da ist nichts mit «Augenhöhe». Ein Hasskommentator lädt seinen Frust und seine Wut auf eine andere Person ab – und ihm ist gleichgültig, was in der beleidigten Person vielleicht vor sich geht. Bestenfalls ist es ihm egal. Vielleicht ist ja eine tiefe Kränkung des Gegenübers das *Ziel*. Vielleicht geht es nicht nur darum, ein Ventil zu finden und sich besser zu fühlen. Vielleicht fühlt sich der Kränkende nur besser, *weil* er hofft, dass sein Gegenüber sich durch sein Handeln schlechter fühlt. Augenhöhe geht anders.

Den Mechanismus kennen wir schon: Ein Mensch erhöht sich, indem er einen anderen niedermacht.

Beleidigungen bewirken ein Gefälle.

Darüber hinaus ist das verbale Austeilen im Netz eine lohnenswerte Angelegenheit. Die Bestätigung, die man für Internetbeleidigungen und Internethass bekommt, ist ungemein höher als im Offlineleben. Wenn man beispielsweise eine Frau, sei sie nun Politikerin oder Sängerin, im Internet öffentlich fertigmacht, ist die Chance nicht schlecht, dass es Likes hagelt. Unter auf Facebook geposteten Zeitungsartikeln von beispielsweise *ZEIT*, *Tagesschau*, *WELT* und so weiter sind regelmäßig Kommentare zu finden, die Hunderte Likes bekommen haben, gerade weil erkennbar ist, dass der Kommentator eine immense «Wut im Bauch» hat. Explizit menschenfeindliche Kommentare werden auf Facebookseiten durch die Moderatoren zwar gelöscht – doch was stehenbleibt, ist schon genug, um einen Eindruck von der sprichwörtlichen Spitze des Eisbergs zu bekommen. Die noch vorhandenen Kommentare lassen darauf schließen, wie das Internet mancherorts ohne jegliche Moderation aussehen würde. Bei Themen zur Migrationspolitik zum Beispiel sind bestimmte Kommentarspalten trotz Moderation schon jetzt Echokammern des Hasses.

Likes sind für einen Hasskommentator in etwa das, was ein anfeuerndes Publikum für einen Boxer ist. Man schlägt zu, und es gibt Applaus und Jubelrufe. Mit dem Unterschied, dass oft für Tiefschläge applaudiert wird, es generell unsportlich zugeht und der Ringrichter erst dann auftaucht, wenn der eigentliche Kampf vorbei ist.

Der Kommentator, der viele Likes bekommt, hat allen Grund, sich geil zu fühlen. Immerhin übertrumpft er andere Kommentatoren im selben Thread, die weniger Likes haben. Die Ordnungsfunktion von Facebook und Twitter führt dazu, dass stark gelikte Kommentare und Tweets noch weiter nach oben getrieben werden. Wer viel Zuspruch erhält, bekommt als Dankeschön eine Spitzenposition ganz oben in der Diskussion. Und somit *noch* mehr Aufmerksamkeit. In der Folge gibt es weitere Likes. Das ist die Aufwärtsspirale beliebter Beiträge.

Als Hasskommentator im Internet merke ich deshalb schnell: Ich bin nicht allein. Dutzende, Hunderte Menschen stehen hinter meiner Meinung. Sie alle hassen Künast, Trump, Merkel oder Obama. Wieder einmal der sinnstiftende, vergemeinschaftende Effekt von Beleidigungen. «Sag mir, *gegen* wen du bist, und ich sage dir, wer du bist.»

Likes sind also Streicheleinheiten fürs Kommentatoren-Ego. Es ist, als wäre man in einem Raum voller Leute, die einem nach und nach die Hand schütteln und sagen: «Ja. Deine Meinung ist richtig. Weiter so. Wir alle stehen hinter dir!»

Kein Wunder, dass so mancher Kommentator nicht mehr auf seine tägliche Dosis Likes verzichten möchte, nachdem er einmal Blut geleckt hat. Eine Erfahrung der Relevanz, der Bestätigung und der Selbstwirksamkeit. Im Wissen, Gleichgesinnte gefunden zu haben. Menschen, die *so sind wie man selbst*. Abwesend, aber erreichbar.

Soziale Medien machen es möglich. Am Ball zu bleiben, ein Publikum aufzubauen. Soziale Medien sind das Megaphon des Stubenhockers. Jeder, der will, kann ein Pausenhof-Rowdy sein. Und wenn es aus irgendeinem Grund nicht klappt, man nicht den Zuspruch erhält, den man sich erwartet: Sucht man sich einen neuen Pausenhof. Im Netz gibt es unendlich viele. Irgendwann findet jeder ein Publikum, das ihn beklatscht. Ganz egal, wie dumm oder gehässig die Meinung ist. Denn das Netz ist auch in diesem Punkt demokratisch: Es vernetzt jeden, der will. Auch die Dummen und Gehässigen. Gesocks, Gesindel, Fotzen.

LIKES SIND DAS BLUT DER INTERNETVAMPIRE

Beleidigungen im Internet sind allerdings nicht immer auf die oben beschriebene Art bösartig. Sprich: ernst gemeint. Verletzend. Es gibt auch weniger ernst gemeinte Formen der Internetbeleidigung, bei der alle Beteiligten ihren Spaß haben.

Auf Reddit, einer sozialen Plattform für Nutzer ohne schwache Nerven, ist eine besondere Form des Beleidigungsentertainments entstanden. Wie vielerorts kann man auf Reddit zum Beispiel Bilder hochladen, die angemeldete Nutzer anschließend kommentieren. Gesprächsfäden entstehen zu bestimmten Themen.

Unter dem Themengebiet* «Roast me»[30] – in etwa zu übersetzen mit «Grill mich!» – ist es zum Spaß geworden, dass Menschen freiwillig Bilder von sich hochladen. Mit einem Stück Papier in der Hand, auf dem die Aufforderung «Roast me» steht. Was dann passiert, erinnert an Battle-Rap. Ein Wettbewerb entsteht unter all jenen, die einen witzigen Spruch loslassen wollen. Der beste Spruch siegt.

Das Prinzip ist grundsätzlich dasselbe wie fast überall in sozialen Netzwerken. Beliebte Kommentare erhalten Zuspruch und steigen in einem Punktesystem aufwärts. In der Regel sind die Top-Kommentare inhaltlich «harter

* Auch «Subreddit» genannt.

Tobak» – also grenzüberschreitend bis geschmacklos. Der Trick an der Sache ist, dass es keine Opfer gibt, sondern Freiwillige. Bemerkungen, die eigentlich hochgradig verletzend wirken *könnten*, werden so entschärft. «Roast me» dient der allgemeinen Unterhaltung.

Die Kommentare selbst beziehen sich auf das Foto (mehr hat man ja nicht als Vorlage). Es geht um das Äußere eines Menschen. Da stehen dann bei einem Mädchen mit Seitenscheitel Kommentare wie: «Du siehst aus wie ein lesbischer Hitler.»

Du bist wie ein lebendig gewordener Picasso. Nur dass ein Picasso etwas wert ist!

Wenn so eine Beleidigungsrunde erfolgreich ist, ist sie ein ziemlich guter Scherz für alle Beteiligten. Auch für den «Gegrillten». Wie gesagt halten die Personen selbst ein Schild mit der Aufforderung «Roast me» hoch – sodass man kein Foto einer fremden Person gegen ihren Willen hochladen kann. Die Freiwilligkeit und Bereitschaft, sich lächerlich zu machen, ist das A und O. Genauer gesagt: sich lächerlich machen zu lassen.*

---

* Das ist auch der kardinale Unterschied zu Fällen von Künast bis Gabriel (abgesehen davon, dass deren Beleidiger oft einfallslos und dümmlich sind): Politiker laden niemanden ein, sie zu beleidigen. Warum auch?

Wenn jemand unter ein Foto von dir schreibt: «Du bist eher Typ Maskottchen», dann kannst du darüber lachen. Weil es ein origineller Spruch ist. Weil die Abmachung, dass «alles nur Spaß» ist, klarstellt, wie man das Ganze zu nehmen hat. Dieselben Sprüche können in einem anderen Zusammenhang ganz klar verletzen. Doch hier nicht. Die Spaßprämisse beziehungsweise der humoristische Kontext sorgen für die nötige Leichtigkeit. Deswegen wird gelacht.[*]

Wer sich zum «roasten» meldet, ist ohne Zweifel mutig. Manche Sprüche sind nämlich zunächst ein kleiner Schlag in die Magengrube. Immerhin ist Auslöser der Beleidigungen, Spaß hin oder her, tatsächlich ein Foto von dir. So siehst du ja wirklich aus. Deine Frisur, deine Nase, deine Kleidung.

«Den Kinnbart hast du dir wachsen lassen, um das andere Kinn zu verstecken.»

Alle Teilnehmer beweisen Humor. Die Sprücheklopfer natürlich – aber vor allem der «Gegrillte». Indem man sich «roasten» lässt, stärkt man sein Beleidigungs-Immunsystem. Egal, was im echten Leben danach kommt, nach einer «Roast Me»-Sitzung hat man vermutlich schon lustigere Sachen über sein Aussehen gehört. Auf Reddit. Öffentlich. Freiwillig.[**]

Irgendwie cool.

---

[*] Und, na ja, weil da jemand irgendwie lustig aussieht.
[**] Das Ganze gibt es übrigens auch offline. Ein «Roast» ist auch als Hollywoodphänomen ein Bühnenspektakel, bei dem sich ein anwesender Prominenter als Zielscheibe bereitstellt. Und dann geht's ab. Ein bekanntes Beispiel ist Charlie Sheen.

Uncool ist wiederum: Mobbing. Darunter versteht man, im weitesten Sinne, einen mehr oder minder koordinierten Angriff einer Meute auf eine Person.* In der Regel über einen längeren Zeitraum.

So gesehen könnte man sagen, dass Angela Merkel oder Renate Künast im Internet gemobbt werden. Menschen versammeln sich nämlich, um mit verletzender Sprache negativ auf sie (und viele andere) einzuwirken.

Die andere Wahrheit ist natürlich: Politiker sind in der Regel erwachsene, in ihrer Persönlichkeit gefestigte Menschen. Sie sind es gewohnt, in der Öffentlichkeit zu stehen.

Die besorgniserregendste Form von Mobbing ist nach wie vor das Mobbing unter Kindern und Jugendlichen. Da haben auch grundsätzlich die sozialen Netzwerke nichts dran geändert. Natürlich gab es Hänseleien, Beleidigungen und offen kommunizierte Abneigung schon vor der Zeit des Internets. Doch durch WhatsApp, Facebook und Twitter hat, wie gesagt, jeder Schulhof-Rowdy ein Megaphon. Die Reichweite ist heute eine ganz andere. Die Schnelligkeit auch. Ohne es zu wissen, kann heutzutage jemand zum Gespött einer ganzen Schulklasse werden. Wegen einer Äußerung oder eines Fotos oder Videos. Oft auch relativ grundlos.

Konfrontiert man Kinder mit ihrem Mobbing, reden sie oft wie die per Hausbesuch konfrontierten Internetbeleidi-

---

* Ein «Roasting» ist quasi «Pseudo-Mobbing» zur Belustigung aller Beteiligten.

ger. «Das war doch nur Spaß», «Alles halb so wild», «So war das gar nicht gemeint». Defensiv bis entschuldigend.

Das Problem ist, dass das Beleidigungs-Immunsystem von Kindern in der Regel nicht so stark ist wie das von Erwachsenen. Als Teenager ist man fragiler. Gerade weil die Achtung und der Respekt der Freunde und Altersgenossen in diesem Alter so wichtig sind. Achtung und Selbstachtung stehen womöglich zu keiner Entwicklungsphase des Menschen in solch einer engen Verbindung wie als Teenager. Als Mobbing-Opfer ist es ratsam, sich Verbündete zu suchen. Denn selbst wenn man zeitweise im Zentrum negativer Aufmerksamkeit steht oder gar zum Gespött der Leute wird – nicht alle sind feindlich gesinnt. Es gibt immer Unterstützung. Hilfe. Wenn Freunde und Familie als Rückhalt nicht ausreichen, gibt es immer die Möglichkeit, Dritte zu konsultieren, die sich mit dem Thema gut auskennen. Beratungsstellen und Hilfsangebote findet man am besten über Google.

Was tun gegen Hass im Netz? Fakt ist, dass das Internet ein rechtlicher Raum ist. Maulheldentum hin oder her. Die Gesetze, die unseren menschlichen Umgang miteinander regeln, gelten auch online. Sie sind allerdings nicht einfach umzusetzen. Schließlich ist das Netz ein transnationales Unterfangen. Server stehen im Ausland, Privatunternehmen (Facebook und Co.) geben die IP-Adressen von Fake-Accounts nicht heraus, sodass die wahren Absender von Hassnachrichten nicht von deutschen Behörden ermittelt werden können, und und und. Kurz und knapp: Die rechtliche Lage ist dieselbe, ihre Durchsetzung ist erschwert.

Allgemein ist aber klar: Deutsches Recht gilt auch auf dem (deutschen) Facebook. Die Einhaltung deutscher Gesetze muss also auch ein Anliegen von Facebook sein. Das gilt auch für den Beleidigungsparagraphen.

Also wie damit umgehen?

Wenn man grob beleidigt wird, wie zum Beispiel Frau Künast oder andere Politiker – natürlich auch als Privatperson –, hat man die Möglichkeit, seinen Beleidiger anzuzeigen. Vorausgesetzt, man kennt den Namen (und bestenfalls Wohnort) des Beleidigers. Da viele Menschen ihren Namen und Wohnort öffentlich auf Facebook angeben, ist es in diesen Fällen einfach. Die Anzeige kann man in der Regel auf den jeweiligen Webseiten der Polizei aufgeben. Wichtig ist es als Antragsteller, einen Screenshot vom Kommentar zu haben. Als Beweis.

Facebook selbst bietet die Möglichkeit, beleidigende Inhalte zu melden. Das gilt auch für anonymisierte Accounts. Auf öffentlichen Druck hat Facebook im Jahr 2016 die Überprüfung von gemeldeten Kommentaren beschleunigt – bestenfalls erhält man innerhalb von 24 Stunden als Nutzer eine Rückmeldung auf den gemeldeten Kommentar.

Die Überprüfung lässt Facebook von einer Bertelsmann-Tochter durchführen. Eine dreistellige Anzahl von Mitarbeitern liest sich täglich im Berliner Büro der Firma Arvato durch die geistigen Tiefflüge unserer Bundesbürger.

Tja. Man kann nur hoffen, dass dieser Job fürstlich bezahlt wird.

Tatsache ist, dass Facebook sich bei der Kommentarprüfung nicht primär am Gesetz (und somit § 185 StGB) orientiert, sondern in erster Linie an den eigenen Facebook-Gemeinschaftsstandards.* Das sind die Hausregeln im Hause Facebook. Jeder, der sich registriert, muss sie «unterschreiben». Zumindest muss er sie als gelesen anklicken. Blöd nur, dass sie kaum einer liest.

Die Kommentare, die Facebook mittlerweile mit hoher Wahrscheinlichkeit entfernt, sind oft Hassbotschaften, die auch gemeinhin als *diskriminierend* empfunden werden. Diese Beleidigungen richten sich auf abwertende Weise gegen einen Menschen, weil er einer bestimmten Gruppe angehört.

Doch keine Panik. Jenseits ganz offensichtlicher Diskriminierung lässt Facebook noch ein breites Spektrum hasserfüllter Meinungen zu. Grundsätzlich ist Facebook da ziemlich tolerant. Vor allem für eine Plattform, die weibliche Nippel fast ohne Ausnahme zensiert, also: Fotos von Brüsten löscht.**

Regelmäßig kommt es vor, dass sich Nutzer beklagen, weil Beleidigungen gegen sie nach einer Meldung *nicht* gelöscht wurden. Ein Nutzer beschwerte sich zum Beispiel,

---

* In zweiter Linie sicher auch an § 185 StGB (Beleidigungsparagraph).
** Ja. Diese bösen, bösen Brüste.

dass folgende Behauptungen eines anderen Users geprüft und für okay befunden wurden: Er sei kriminell, drogensüchtig und würde seine eigene Schwester ficken. Facebook hatte mit diesem Kommentar zunächst offenbar kein Problem, weswegen er sich ans Facebook-Hilfeforum wenden musste. Mittlerweile scheint der Kommentar gelöscht worden zu sein.

Hassbotschaften

Facebook entfernt sämtliche Hassbotschaften, d. h. Inhalte, die Personen aufgrund der folgenden Eigenschaften direkt angreifen:
- **Rasse,**
- **Ethnizität,**
- **Nationale Herkunft,**
- **Religiöse Zugehörigkeit,**
- **Sexuelle Orientierung,**
- **Geschlecht bzw. geschlechtliche Identität oder**
- **Schwere Behinderungen oder Krankheiten.**

Aus den Gemeinschaftsstandards von Facebook[31]

Natürlich ist in einem solchen Fall eine polizeiliche Anzeige möglich – selbst beziehungsweise inbesondere dann, wenn Facebook den Kommentar nicht entfernt. Niemand muss sich öffentlich als krimineller Schwesternficker betiteln lassen. Das ist grob ehrverletzend im Sinne von § 185 StGB. Das Problem ist, dass so ein Kommentar, wenn Facebook ihn nicht zeitnah löscht (oder gar nicht), seine ehrverletzende Wirkung öffentlich entfalten kann.

Facebook zensiert nämlich ungerne. Unliebsame Inhalte sollen nicht gelöscht, sondern diskutiert werden.* Statt einer umfangreichen Moderation kontroverser, provokanter oder beleidigender Inhalte vertritt Facebook das Prinzip «Rede und Gegenrede». Nutzer werden dazu animiert, Inhalte nur im Notfall zu melden – und ihnen sonst zu *widersprechen*. Diese Gegenrede wird auch «Counter Speech» genannt.

Für Facebook hat diese Taktik gleich mehrere Vorteile. Erstens kommt es nicht so leicht zu einem Vorwurf der Zensur von den Nutzern, die ihrem Schandmaul freien Lauf lassen möchten. Zweitens muss Facebook nicht *noch* mehr Leute einstellen, die sich mit gemeldeten Inhalten beschäftigen. Drittens sorgen provokante und beleidigende Äußerungen für Aufmerksamkeit – und diese Aufmerksamkeit führt zu *noch* mehr Beteiligung seitens der Nutzer. Heißt: zu noch mehr Facebook. (Und das führt zu noch mehr Werbeeinnahmen und somit noch mehr Geld für Facebook!)

---

* Außer es handelt sich um weibliche Brüste. Da gibt es Nichts! Zu! Diskutieren!

Menschen sind auf Facebook aktiv, um ihre Erfahrungen zu teilen und das Bewusstsein für bestimmte Themen zu erhöhen, die ihnen wichtig sind. Das bedeutet, dass du unter Umständen Meinungen begegnest, die sich von deiner unterscheiden. Wir sind jedoch davon überzeugt, dass dies wichtige Diskussionen zu schwierigen Themen auslösen kann.

Aus den Gemeinschaftsstandards von Facebook

Facebook trifft hier eine Entscheidung (der geringen Einmischung), die sowohl das Miteinander der Facebook-Nutzer betrifft als auch die geschäftliche Grundlage der Firma. Facebook will die Gemeinschaftsstandards möglichst weit fassen: um zwar einen respektvollen Umgang vorzugeben, aber gleichzeitig niemanden durch zu viele Eingriffe in das Facebook-Leben zu vergraulen.

Viele Menschen mögen das. Andere Nutzer haben wiederum den Eindruck, die Gemeinschaftsstandards seien zu weit gefasst. Witze über den Holocaust wurden beispielsweise an verschiedenen Stellen toleriert. Menschenfeindliche (oft spezifisch migrantenfeindliche) Seiten und Gruppen werden halbwegs toleriert. Aber auch konkrete Beleidigungen sind mitunter von den Gemeinschaftsstandards gedeckt. Eine junge Autorin bekam im Dezember 2016 folgende «Fanpost» als Privatnachricht:

du rotes Stück Scheisse gehörst so verprügelt, dass du nie mehr schreiben und deinen versifften Ssozialistischen Scheiss verbreiten kannst. Ihr Zecken werdet bald brennen. du Hure. du verdammtes Stück Dreck bist bald fällig

Diese Nachricht war zwar nicht öffentlich, das macht sie aber nicht weniger besorgniserregend. Nach Überprüfung seitens Facebook hieß es, dass die Nachricht nicht gegen die Gemeinschaftsstandards verstoße. Trotz mehrerer Drohungen und krasser Beleidigungen. Dass Facebook bei solchen Aussagen die Gemeinschaftsstandards noch erfüllt sieht, ist wirklich schwer nachvollziehbar. Nicht nur als Betroffene(r).

Die Frage ist wohl, wen Facebook dadurch vergrault, dass es den Umgangston mancher Nutzer *nicht* moderiert – und somit mancherorts ein toxisches Diskussionsklima stillschweigend toleriert.

An anderer Stelle schreibt Facebook in seinen Gemeinschaftsstandards: «Gegenargumente in Form von genauen Informationen und anderen Sichtweisen können zu einer sichereren und respektvolleren Umgebung beitragen.»

Gegenrede ist zweifellos richtig und wichtig. Im Sinne eines offenen, unzensierten Dialogs. Kontroverse Meinungen sollten niemals wegzensiert werden, nur weil sie exotisch oder strunzdumm sind. Das ist das Wesen der

Meinungsfreiheit. Allerdings nur wenn es sich wirklich um einen Dialog handelt.

Das Rede-Gegenrede-Prinzip funktioniert nämlich nur dann, wenn Leute auch Interesse an einer *inhaltlichen* Diskussion haben – mit möglichst wenigen Beleidigungen.

Insbesondere bei manchen Reizthemen ist dies schlichtweg nicht gegeben.[*] Dort werden die Grenzen der Meinungsfreiheit schnell in Richtung Beleidigung (und Volksverhetzung) überschritten.

Rede und Gegenrede wirkt in kontroversen Threads daher in etwa so:

Rede: Fick dich!

Gegenrede: Nein, fick du *dich*!

Vielen Dank für deine Meldung. Es war richtig, uns zu informieren. Wir haben uns den Kommentar angesehen und festgestellt, dass er gegen keinen unserer Gemeinschaftsstandards verstößt, verstehen aber, dass er dich und andere trotzdem beleidigt. Niemand sollte auf Facebook Kommentare oder Beiträge sehen müssen, die er / sie als hasserfüllt empfindet, deshalb möchten wir

---

[*] Ich empfehle zum Beispiel die Kommentarspalten zu Migration, Feminismus, Populismus, Patriotismus, gleichgeschlechtlicher Ehe oder Terrorismus. In der Regel geht bei solchen Themen schneller die Party ab, als man moderieren kann.

Viele gemeldete Inhalte werden nicht gelöscht. Stattdessen erhält man zum Beispiel obige Rückmeldung – mit dem Hilfsangebot, den Aggressor zu blockieren.

Niemand sollte also beleidigende Inhalte sehen müssen – Beiträge, bei denen Facebook offen zugibt, dass sie nachvollziehbar und intersubjektiv beleidigend sind. (Also: Keine Altweibersommer-Probleme.) Es handelt sich um hasserfüllte Beiträge, die Unbehagen erzeugen. *Löschen* möchte Facebook vieles davon im Zweifel dennoch *lieber nicht.*

Tja, Pech gehabt. Du beleidigte Leberwurst. In dubio pro Großmaul.

Es gibt ein paar Tipps und Tricks, wie man sein eigenes Beleidigen zügeln kann. Was uns im Internet fehlt, ist der andere Mensch – als Korrektiv. Die Körperlosigkeit führt dazu, dass unsere Dialogpartner nur auf einer abstrakten Ebene existieren. Wir müssen sie uns «dazudenken». Hinter die Nutzernamen, Profilbilder und Sätze. Mit der Abwesenheit unserer Mitmenschen geht oft auch ein Teil unserer eigenen Menschlichkeit flöten.

Onlinekommunikation wird auf absehbare Zeit weiterhin eine andere Qualität haben als körperliche, «normale» Interaktion. Insofern bleibt es wichtig, dass wir uns unsere Mitmenschen nicht nur implizit hinzudenken, sondern *ausdrücklich.*

Und letztendlich: Selbst wenn ich mal wieder so richtig auf 180 bin, ist mein Handeln nicht vorbestimmt. Niemand ist seinen Gefühlen grenzenlos ausgeliefert. Ein Mindestmaß an Selbstkontrolle gibt es immer.

Im Sinne dieser Selbstkontrolle sollte jeder Internetnutzer sich versichern, dass er es mit echten Menschen zu tun hat. Menschen, die irgendwo in der Welt vor ihren PCs oder Smartphones sitzen. Menschen, die mehr sind als die paar Zeilen Internetmeinung, über die man sich gerade so fürchterlich aufregt. Menschen, denen man mit Sprache Gewalt antun kann. Die Frage sollte sein: Will ich das?

Es geht um Impulskontrolle und Affektkontrolle. Nicht jeder Impuls muss ausgelebt werden. Nicht jeder Affekt erleichtert dir das Leben. Kontrolle über Impulse und Affekte kann man allerdings trainieren. Es gibt diverse Tipps und Tricks. Fürs Internet und auch sonst fürs Leben.

Wenn man so richtig wütend ist, sollte man sich nicht ins Auto setzen. Und vielleicht auch nicht am Internetverkehr teilnehmen.

In beiden Fällen gilt: Durchatmen. Abkühlen. Man kann langsam von 30 herunterzählen. Und dabei auf die eigene Atmung achten. Tief einatmen und langsam ausatmen. Das beruhigt den Kreislauf. Nach einer Minute geht es oft deutlich besser. Das ist genau die Minute, die sonst genutzt wird, um grobe Beleidigungen in die Tastatur zu hacken. Mit dem Unterschied, dass man sich dabei nicht entspannt. Man bleibt angespannt, weil nach einer Beleidigung üblicherweise eine Beleidigung meines Dialogpartners folgt. Erst recht im Internet. Auf Beleidigung folgt Beleidigung folgt Beleidigung folgt Beleidigung folgt Herzinfarkt.

Ein anderer Trick ist, sich seine Wut als roten Luftballon vorzustellen. Ebenfalls mit dem Ein- und Ausatmen stellt man sich den Luftballon vor, wie er mit jedem Ausatmen ein wenig schrumpft. Bis die Wut weg ist.

Oder man spannt sich von Kopf bis Fuß an, macht Fäuste, ein paar Sekunden lang. Und entspannt dann. Was auf den Körper wirkt, wirkt oft auf den Geist. Stichwort Körperlichkeit der Psyche.

Wichtig ist eigentlich gar nicht, was man macht, um sich zu beruhigen. Hauptsache, man beruhigt sich. Wichtiger ist, was man *nicht macht*, während man noch stinksauer ist. Es geht darum, sich Ärger und eine Konfrontation zu ersparen.[*]

Eine Faustregel, was das Online-Gespräch angeht, kann lauten: «Ich sage nichts, was ich nicht auch laut in einem Raum voller Leute sagen würde.» Sprich: vor Publikum.

Dabei spielt es auch keine Rolle, wenn das Online-Publikum aus lauter Fremden besteht. Man steigt ja auch nicht

---

[*] Und gesperrte Facebook-Konten. Und Anzeigen wegen Beleidigung. Und und und.

in Bus und Bahn und schreit jeden zweiten Wutgedanken frei in die Welt hinaus. Nein. In der Regel beherrscht man sich. Andere Menschen wirken auf einen selbst wie ein Korrektiv. Dass meine Mitmenschen im Internet nicht «da» im Sinne von «hier» sind, heißt ja nicht, dass sie nicht «da» sind – es gibt sie trotzdem. Sie sind da. Also beruhige dich. Verletze niemanden, außer du willst es wirklich. Und vor allem: Mach dich halt nicht zum Affen!

VIEL MEINUNG, WENIG AHNUNG:
DISKUTIEREN FÜR ANFÄNGER

Wie können wir mit ihnen reden – mit den Provokateuren, den Mistkerlen und den Arschlöchern? Denn ob wir wollen oder nicht: Wir bevölkern denselben Planeten. Schlimmer noch: oft sogar dasselbe Land, dieselbe Stadt. Vor allem aber: dasselbe Internet!

Insofern kommen wir nicht wirklich aneinander vorbei. Früher oder später triffst du auf einen Schwachkopf. Oder, schlimmer noch: einen Menschen, der schlau ist – und dich dennoch beleidigt. Nach bestem Wissen und Gewissen.

Es ist also besser, vorbereitet zu sein. So kann man seinem Gegenüber ein wenig in die Karten gucken, während es sie spielt, und verstehen, was im Moment der Beleidigung passiert. Dafür musst du allerdings den sozialen Zusammenhang betrachten. Gesprächspartner und Gesprächssituation (er)kennen. Du musst wissen, welches Kartenspiel der andere spielen will – sonst nutzt alles Kartengucken nichts.

In diesem Kapitel geht es um das Miteinanderreden. Um den Dialog und das Debattieren. Und natürlich: die Beleidigung. Welche *funktionale* Rolle sie in einem Gespräch spielt.

Fest steht: Dialoge sind ein Miteinander *und* ein Gegeneinander. Mutterseelenallein findet kein Dialog statt. Deswegen müssen ein paar Leute her. Doch zwei Schwalben machen noch keinen Sommer, und ein paar Leute machen noch keinen Dialog.

Und bevor wir es vergessen: Es geht um Demokratie und um die Gesellschaft. Denn in einer Demokratie brauchen wir Diskussionen:

> Gibt es zu wenig Streit,
> schläft die Demokratie ein.
> Gibt es zu viel, zerreißt sie.
>
> Jakob Augstein und Nikolaus Blome[32]

Wir brauchen den freien, sachorientierten Austausch von Meinungen und Sichtweisen. Jeder soll seinen Senf dazugeben können.

Indem wir einander vermitteln, wie wir die Welt sehen, finden wir zueinander.

Oder auch nicht.

Denn Streit gehört dazu. Zum Gespräch. Zum Menschsein. Meinungsverschiedenheiten gehören zur Demokratie wie der Schweiß zum Sport.

Vor allem endet nicht alles lustig, was klein beginnt. Nichtigkeiten werden wichtig, Beleidigungen werden erst gemurmelt, dann geschrien. Das Eskalationspotenzial von Sprache ist beeindruckend. Auf Worte folgen Taten.

2014 endete ein Gespräch in Russland tödlich. Ein ehemaliger Lehrer erstach seinen Saufkumpan im Streit mit einem Messer. Worum ging es? Es ging um Prosa und Lyrik. Die beiden konnten sich, untertrieben gesagt, nicht darauf einigen, ob Gedichte oder Erzähltexte die bedeutendere Literaturform sind.*

Das klingt kurios, ist aber tragisch. Selbst schöngeistige Themen können im Extremfall zu Mord und Totschlag führen, wenn man sie falsch bespricht.** Wenn Beleidigungen und Streit überhandnehmen. Wenn Worte zu Gewalt führen.

Es gibt Dinge, die man tun kann, um einem blutigen Ende einer Debatte vorzubeugen. Erstens: Stich- und Schusswaffen außer Reichweite aufbewahren. Zweitens die Einsicht: Nur weil wir alle reden können, heißt das nicht, dass wir auch alle *ein Gespräch führen* können. Das eine muss man können, um das andere zu lernen.

Was ist das überhaupt? Eine Diskussion, ein Dialog, eine Debatte? Nach unserem jetzigen Stand ist ein Gespräch etwas, das zwischen zwei Menschen auf sprachlicher Ebene stattfindet und entweder in Mord und Totschlag endet oder nicht. Zumeist nicht, zum Glück. Doch was unterscheidet Diskussionen, Dialoge und Debatten von bloßer Laberei?

Niemand auf der Welt hindert mich, einfach unthematisch herumzulabern, ganz frei von Zusammenhang, Zweck und Ziel. Eine Plauderei kann aus Nettigkeiten bestehen, aus Höflichkeitsfloskeln oder aus nichtssagendem Non-

---

* Abschließend geklärt wurde die Frage an jenem Abend nicht.[33]
** Ein ähnlicher Fall fand 2013 statt. Wieder waren es zwei Russen, deren Streitgespräch beim Einkaufsbummel in Faustschlägen und Schüssen aus einer Luftpistole endete. Das Resultat: Schwere Körperverletzung. Das Gesprächsthema: Immanuel Kant.[34]

sens. Inhaltsarm zu reden ist keineswegs verwerflich. Wer einfach so plaudert, parliert, vielleicht flirtet, der steht mit anderen in Kontakt. Man kommt einander näher und lernt Menschen kennen.

Doch ein Dialog ist etwas anderes als eine Plauderei.

Zum Dialog fehlt noch eine entscheidende Zutat.

Welche?

Es ist das *Thema*.

Wir reden über *etwas*. Etwas Bestimmtes. Eine Sache.

Das gilt sowohl für das Internet als auch die Welt drum herum.

Beleidigungen gehören wiederum nicht zwangsweise dazu, weder zum zielgerichteten Sprechen noch zum *thematischen* Sprechen. Aber allzu häufig tun sie es dennoch, ob wir wollen oder nicht. Grund genug, den Beleidigern auf die Finger zu schauen, genauer gesagt auf den Mund.

Je nach Situation gibt es mal mehr, mal weniger zu sehen. Verschiedene Räume führen wie gesagt verschiedene Regeln mit sich – was wo erlaubt oder üblich ist, entscheidet der Zusammenhang. Was als Beleidigung gilt, entscheiden die Beteiligten. Im Golfclub benimmt man sich anders als beim Junggesellenabschied.*

Daher ist in einer Dialogsituation nicht nur die Frage zentral, worüber gesprochen wird. Sondern auch: Wer spricht mit wem? In welchem Ton? Was ist der Zusammenhang?

---

* Gesoffen wird beiderorts.

Der Kontext bedingt die Handlungen. Ein Faustkampf vor Publikum kann entweder Profiboxen sein – oder eine Prügelei. Selbst wenn es theoretisch exakt die gleichen körperlichen Abläufe sind (hier schlagen, da blockieren usw.): Das eine endet mit Preisgeld, das andere im Streifenwagen. Weil der soziale *Zusammenhang* ein jeweils anderer ist.

Ähnlich ist es mit Gesprächen.

In einer Facebook-Kommentarspalte ist ein flapsiger Ton erlaubt. Was dort noch als witziger Spruch gilt, ist andernorts keiner mehr. Sprüche, die du und deine Freunde im Internet feiern, sind in einem Universitätsseminar nicht sagbar. Oder am Frühstückstisch mit den Eltern (oder Kindern).*

Wie physische Räume haben auch soziale Räume *Grenzen*. Und die Beleidigung ist schließlich genau das: eine Grenzüberschreitung. Insofern muss man die Grenzen des guten Tons und der Duldung erkennen können, um sie nicht (unabsichtlich) zu überschreiten. Oder doch, aber dann ganz bewusst. Man muss wissen, ob man gerade als Profisportler unterwegs ist – oder als Schläger.

Darüber hinaus benötigt der Diskutant auch eine gewisse Fitness. Training. Abwehrkräfte. Oben war bereits die Rede von einem Beleidigungs-Immunsystem.

Es gilt gewissermaßen das bekannte Prinzip des *Survival*

---

* Kommt natürlich alles auf Internetfreunde, Uni-Seminar oder Eltern an. Vielleicht verhält es sich genau umgekehrt. Es geht ja um soziale Räume, nicht um Inneneinrichtung.

of the Fittest. Wer sich am angemessensten anpassen kann*, hat die besten Chancen, in einem Gespräch erfolgreich zu überdauern. Die Situation einschätzen zu können heißt, auch andere Menschen einschätzen zu können.

Und jetzt geht es zur Sache.

Normalerweise trifft man sich nicht, gibt sich die Hand und sagt: «Heute reden wir über Thema X.» Das kommt in der Regel nur im beruflichen Kontext, bei Tagungen, in der Schule oder beim professionellen Debattieren vor.

Meistens jedoch *entwickeln* Gesprächsteilnehmer ein Thema. Es *entsteht* ein roter Faden.

Das Thema ist natürlich wichtig. Zeit ist nämlich nicht nur Geld, sondern vor allem Lebenszeit. Daher muss sich das Thema lohnen. Man muss sich Zeit nehmen (können und wollen), um *etwas* miteinander zu besprechen.

Die Terrorgefahr, die Urlaubsplanung, die Champions League.

Kleinigkeiten machen das Leben aus. Tiefgründig wird es im Alltag eher selten. Es geht selten «zur Sache». Meistens wird gequatscht, gelabert und geplaudert.** Man hält halt Kontakt.

---

* Nicht: Wer am «stärksten» ist. Es geht auch Darwin um Anpassungsfähigkeit. Es kommt derjenige weit, der sich gut anpasst.
** Deswegen sind Dialoge in Romanen auch immer spannender als echte Dialoge. Es geht um etwas Großes, der Leser soll im wahrsten Sinne «(an)gespannt» bleiben. Meist empfinden wir Leser Dialoge in Romanen deshalb als künstlich. Weil sie «Kunst» sind, also: bestenfalls kunstvoll gemacht. Die Figuren sind schlagfertiger und wit-

Gute Gespräche hingegen drehen sich meist um *Herzens-angelegenheiten*. Dinge, die einem wichtig sind. Das werden dann die Gespräche, an die man sich später erinnert. Indem ich mich öffne, lernst du mich kennen. Und umgekehrt. Das sind allerdings auch die gefährlichen Gespräche. Niemand schlägt dem andern bei einer Diskussion über das Wetter den Kopf ein.*

Auch der russische Streit um die Frage über «Lyrik oder Prosa» war keine Kleinigkeit. Die Zeitungsmeldungen darüber wirken skurril, weil man zunächst ein trockenes, eher literaturwissenschaftliches Thema vermutet. Für die beiden Diskussionsteilnehmer war es aber ganz offensichtlich eine Herzensangelegenheit. Ein wichtiges Thema, das die Zeit lohnt. Den Dialog lohnt. Die Mühe. So sehr, dass aus Dialogpartnern Streithähne wurden und aus einem Streithahn ein Mörder.**

Das ist der Grund, warum Beleidigungen eher bei politischen und gesellschaftlichen Themen zu finden sind. Nebensächliche Themen sind es uns schlichtweg nicht wert, die Grenze zur Beleidigung zu überschreiten. Jemanden anzugreifen kostet bekanntlich Überwindung und Energie. Und man riskiert einen Gegenangriff. Das bedeutet Stress. Auch im rein physischen Sinne. Wer beleidigt oder beleidigt

ziger als wir. Alles im Sinne des Spannungsaufbaus und damit wir uns nicht langweilen. Kunstloses Gequatsche hat man ja im echten Leben schon genug.

* Meteorologen vielleicht.

** Vermutlich eher: ein Totschläger. Nichts deutet auf Absicht hin.

wird, reagiert möglicherweise mit schnellerem Herzschlag, beschleunigter Atmung oder Erröten. Körperlichem Stress.

Viel Beleidigungspotenzial haben also die Gespräche, die «es in sich» haben. «Es» ist in diesem Fall ein vielschichtiges Sachthema, das ganz unterschiedliche Sichtweisen zulässt. Themen wie soziale Gerechtigkeit, Flucht und Migration, Religion, Menschen in Not, Umweltschutz, Krieg, Leistung und Lohn. Gut gegen Böse, rechts gegen links. Gott und die Welt.

Kontroverse Aussagen.

Themen, die provozieren.

Deswegen sagt man häufig als Gesprächsmaxime fürs Kennenlernen: *No politics, no religion.* So kann man sich näherkommen, hält dabei den Diskussionsball flach und minimiert gleichzeitig die Gefahr eines messerbedingten Todes.

Das Problem: Gespräche über Kleinigkeiten sind langweilig.

Spannender als das Gerede über Banalitäten sind Gespräche über Sachthemen. Über Politik und Religion. Weltanschauung. Werte. Darüber kriegen wir uns in die Haare und beleidigen und blamieren uns in Grund und Boden. Im Internet und von Angesicht zu Angesicht.

Der gesellschaftliche Rahmen für ein gelungenes Sachgespräch ist die Meinungsfreiheit. Damit verbunden ist die Gewissheit, dass man grundsätzlich frei sprechen kann, ohne Furcht vor Sanktionen wie Gefängnis. Das gilt für *alle*

Gesprächsteilnehmer.[*] Ohne Meinungsfreiheit wird jedes Sachgespräch recht schnell witzlos. Wer sich davon überzeugen will, sollte sich mal ein Interview mit einem Nordkoreaner anhören, neben dem ein Parteifunktionär steht. Nicht sehr informativ.

Redefreiheit ist also das A und O.

Jenseits der Voraussetzung freier Rede ist wichtig, dass sich die Gesprächsteilnehmer grundsätzlich gegenseitig *ernst nehmen*. Das bedeutet natürlich auch, die Rede des anderen ernst zu nehmen. Wenn ich mir «von dir nichts sagen lasse», müssen wir gar nicht erst über *etwas* reden. Wenn wir uns gegenseitig nicht zumindest halbwegs als Sprecher respektieren, gibt es keine gemeinsame Gesprächsbasis. Dann kommt die Verbindung nicht zustande.

Damit es auf der *Sachebene* klappt, muss es auf der *Beziehungsebene* klappen.

Nur wenn ich dich ernst nehme und deine Meinung deswegen als grundsätzlich interessant und anhörenswert einstufe, könne wir auf Augenhöhe miteinander über ein Thema sprechen.

Deswegen ist es nicht einfach, mit jemandem wie Donald Trump eine angemessene Gesprächsbasis zu finden. Weil er in der Vergangenheit schon oft genug gezeigt hat, dass er seine Gesprächspartner und ihre Meinungen nicht sonderlich ernst nimmt. Dass er sich und seine Meinung

---

[*] Selbst in einer Diktatur gibt es Meinungsfreiheit. Aber nur für einen. Den Diktator.

für *grundsätzlich überlegen* hält. Das erschwert ein Sachgespräch massiv.

Indem man sich – einseitig oder gegenseitig – nicht ernst nimmt, indem man einander nicht anhören will und nicht zugesteht, dass der andere grundsätzlich interessante und auch richtige Dinge zu einem Thema zu sagen hat, maximiert man die Wahrscheinlichkeit, dass beleidigt wird. Weil man sich wie ein ignoranter Arsch benimmt.

Eine Beleidigung kann daher Ausdruck dafür sein, dass etwas auf der Beziehungsebene nicht stimmt.

Wichtig ist deswegen ein grundsätzliches Wohlwollen gegenüber dem jeweils anderen Sprecher. Im Sinne von: Ich akzeptiere dich als Sprecher und bin interessiert an dem, was du mir zu sagen hast. *Ich nehme dich ernst.* Auf Beziehungsebene geht es um die Haltung zueinander.

Diese Haltung muss nicht ausformuliert werden. Es würde vielleicht sogar albern wirken, wenn man zu Beginn eines Gesprächs sagte: «Hör zu: Wir mögen nicht immer einer Meinung sein, aber ich nehme dich als Sprecher ernst und bin sehr interessiert an dem, was du mir zu sagen hast.»

Nein. Dieses Ernstnehmen ist die implizite Basis eines guten Sachgesprächs. Wir merken es, wenn wir einander gegenseitig wertschätzen. Wir merken es, wenn wir uns grundsätzlich wohlwollend gegenüberstehen. Wir merken es, wenn wir einander aufmerksam zuhören.

Dass die Grundhaltung stimmt, merken wir am *Verhalten* des anderen, am respektvollen Umgang miteinander, daran, dass wir (politisch?) korrekt miteinander umgehen und auf Beleidigungen und Provokationen verzichten, so gut es eben geht. Anders gesagt: Wir erkennen Höflichkeit, wenn wir sie erleben.

Das ist die Basis der Sachdiskussion. Zwei Gesprächspartner, die einander achten. Auf menschlicher Ebene und auf Meinungsebene.

Es geht um Mündigkeit. Und die Anerkennung davon. Ich erkenne an, dass du ein mündiger Mensch bist, dessen Meinung grundsätzlich von Interesse ist. Deswegen höre ich zu, wenn du den Mund aufmachst. Wechselseitiges Zuhören als Gesprächsgrundlage.

Respektvoller Umgang miteinander ist gleichzeitig die erste Nichtbeleidigung.

Im Kapitel über das Internet war zu sehen, was passiert, wenn sich jemand als Gesprächspartner disqualifiziert fühlt. Eine solche Disqualifikation macht Menschen wütend. Es sinkt die Hemmschwelle zur Beleidigung. Wer eh nicht mitspielen darf, verliert auch den Grund, sich noch an die Regeln des Spiels zu halten.

Wenn man sich gegenseitig ernst nimmt und aufmerksam ist, ist das eine Respektsbekundung. Sich nicht ernst zu nehmen, nicht aufmerksam zu sein: ein *Respektsentzug*.

Die erste Kränkung, die weitere Beleidigungen ermöglicht, ist der berühmte erste geworfene Stein. Das heißt, wenn der nötige Respekt fehlt und damit die Gesprächsgrundlage nicht stimmt, sind Leute angepisst. Noch bevor viel gesagt wurde.

Viele Internetwutbürger fühlen sich schlichtweg nicht ernst genommen. Nicht mündig. Ignoriert. Deswegen beleidigen sie.

Nach dem Motto: Wenn du mich nicht ernst nimmst, vielleicht nimmst du ja dann meinen Mittelfinger ernst. Wenn du nicht aufmerksam zuhörst, spucke ich dir ins Gesicht. Dann habe ich deine Aufmerksamkeit.

Sachlich und demokratisch zu streiten bedeutet aber, den Standpunkt des anderen anzugreifen – und nicht den Sprecher, der diesen Standpunkt vertritt.

In einer sachgerichteten Diskussion treten Argumente gegeneinander an.

Nicht Menschen.[*]

Standpunkte und Argumente schweben jedoch nicht frei im Raum. Standpunkte und Argumente brauchen Menschen, die sie vertreten. Verkörpern. Das bedeutet nicht, dass diese Menschen diese Standpunkte *sind*. Das Gesagte und der Sprecher sind nicht identisch. Wenn ich X sage,[**] bin ich es zwar, der X sagt – Aussage X ist aber über die Welt. Ich bin es, der spricht, ja. Doch eine Aussage ist unabhängig von mir sagbar. Jemand anders könnte sie auch vertreten.

---

[*] Wenn ich dir ins Gesicht spucke, spucke ich dir ins Gesicht – nicht deinem Standpunkt.
[**] X kann alles Mögliche sein, zum Beispiel «Toll, dass auch Homosexuelle heiraten dürfen» oder «Migration ist eine Bereicherung für jedes Land» oder «Christliche Werte sind das Fundament unserer Gesellschaft» oder «Du kleidest dich wie ein Obdachloser».

Ich könnte meine Meinung ändern, ohne gleich «mich» zu ändern. Wir ändern unsere Meinungen andauernd und sind deswegen nicht gleich andere Menschen.

Widerspricht das dem Gedanken, dass Äußerungen immer in einem Kontext zu betrachten sind, der den Sprecher mit einschließt?

Nein.

Wir halten fest: Es gibt zwei Ebenen. Die Sachebene und die Beziehungsebene. Die Sachebene ist das, worüber wir reden. Der Inhalt.

Auf der Beziehungsebene geht es darum, wie Sprecher zueinander stehen.

Beleidigungen betreffen die *Beziehungsebene*.

Der Wechsel von der Sachebene auf die Beziehungsebene ist an sich nicht schlimm.

Heikel wird es, wenn ich dich als Menschen angreife, anstatt deinen Standpunkt anzugreifen. Oder schlimmer: Wenn ich dich als Menschen angreife, *um* deinen Standpunkt anzugreifen.[*]

Solche Argumente nennt man: ad hominem. Ein auf den Menschen bezogenes Argument.

Genauer gesagt ist ein Ad-hominem-Argument gar kein Argument.

Ein Ad-hominem-Argument ist ein *Scheinargument*. Kein «richtiges». Ein echtes Argument ist nämlich ein sachlicher

---

[*] Also kein versehentlicher Ebenenwechsel, sondern ein absichtlicher Angriff.

Einwand mit einer logischen Struktur. Richtige Argumente sind inhaltlich. Ihre Inhalte richten sich auf Sachverhalte in der Welt. So kann man skeptisch sein, was Atomkraft angeht – zum Beispiel weil die Endlagerung problematisch ist, weil es etwa zu gefährlichen Reaktorunfällen kommen kann. Das sind inhaltliche Argumente.

Ein Ad Hominem ist nicht inhaltlich. Oder genauer gesagt, es ist scheininhaltlich.

Statt die Sache beziehungsweise das *Gesagte* aufzugreifen*, richtet sich ein Argumentum ad hominem gegen den *Sprecher*. Indem ich dich als Person in einem schlechten Licht darstelle, greife ich quasi «über Bande» das an, was du sagst. Immerhin sagst *du* es ja. Und du, das ist gemeinhin bekannt, bist wirklich nicht der Hellste. Und hast keine Ahnung von Atomkraft.

Es ist ein heimlicher Wechsel von der Sach- zur Beziehungsebene.

Ein anderes Beispiel:

A: «Ein Rechtsstaat muss seine Grenzen schützen können. Nur so kann er seine Bürger schützen.»
B: «Die Antwort ist also Nationalismus? Du Nazi.»

Was hier passiert, liegt auf der Hand.

A macht eine Aussage über rechtsstaatliche Grenzen und den Schutz von Bürgern. Das Gesprächsthema ist offenbar

---

* Und anzugreifen!

Innenpolitik (und Außenpolitik). Anstatt auf dieser Sach-ebene weiterzudiskutieren, wird B persönlich. Selbst wenn sich jemand auf nationalistische Weise äußert: «Du Nazi» ist und bleibt zuallererst eine Beleidigung.*

> *Wenn man merkt, daß der Gegner über-legen ist und man Unrecht behalten wird, so werde man persönlich, beleidigend, grob.* [35]
>
> **Arthur Schopenhauer**

B hätte auch inhaltlich antworten können. Vielleicht mit einem «Nationale Abschottung ist in meinen Augen keine Lösung. Wir benötigen ein internationales Miteinander, nicht ein Gegeneinander.»

Jemanden stattdessen einen «Nazi» du schimpfen ist ein Wechsel von der Sachebene auf die Beziehungsebene. Man wird persönlich, beleidigend, grob.

Der andere kriegt eins drüber mit der Nazikeule. So nennt man dieses beleidigende Nazi-Argumentum-ad-Ho-minem nämlich.

Nazikeule.

---

* Eine Beleidigung, auf die wir Deutschen natürlich besonders empfindlich reagieren (müssen). Das weiß auch Erdoğan, der ge-meinsam mit seinen Vertretern im Frühjahr 2017 über Wochen kein Mikrophon besprechen konnte, ohne Merkel, Deutschland oder ganz Europa irgendwie mit den Nazis zu vergleichen. Vergleichs-weise unverschämt von ihm.

Die Metaphorik des Wortes «Nazikeule» ist wiederum interessant. Ein Schlag mit einer Keule ist nämlich grob, schmerzt, und man denkt an einen Höhlenmenschen, der zuschlägt. Insofern ist der Ausdruck «Nazikeule» selber eine beleidigende Reaktion auf eine Beleidigung. Man macht den Beleidiger zum Höhlenmenschen. Zum Gewalttäter.

Das funktioniert auch in die politisch gegenüberliegende Richtung.

In der beleidigenden Welt der Wir-werden-persönlich-Logik ist das Gegenteil eines «Nazis» (oder «Rechten») oft ein «(linksversiffter) Gutmensch». Damit meint man jemanden, der auf naive Weise Gutes beabsichtigt – jedoch Schlechtes tut.

A: «Das Grundrecht auf Asyl kennt keine Einschränkung. Wir sind moralisch verpflichtet, jedem zu helfen, der in Not ist.»

B: «Du willst also Hinz und Kunz ins Land lassen. Tolle Idee, du Gutmensch».

«Gutmensch» ist grundsätzlich *weniger* beleidigend als «Nazi». Die historischen Nazis waren immerhin die wohl größte Verbrecherbande der Geschichte.

Die *funktionale* Rolle – und somit die Logik – von «Gutmensch» und «Nazi» ist allerdings dieselbe. Was hier passiert, ist in beiden Fällen nahezu identisch.

Analog zur Nazikeule gibt es die Gutmenschenkeule.

Mit diesen Scheinargumenten verlässt man die Sachebene, um auf der Beziehungsebene zu punkten. In beiden Fällen handelt es sich nicht um wirkliche Argumente, sondern um Beleidigungen, die mundtot machen sollen. Durch ein Etikett möchte man dem anderen quasi das Rederecht entziehen.

Nazi, halt's Maul!

Gutmensch, verpiss dich!

Unter Godwins Gesetz versteht man die (ironische) Behauptung, dass mit zunehmender Länge einer Internet-Diskussion die Wahrscheinlichkeit eines Hitler- oder Nazivergleichs stetig wächst.

Sprich: Man muss nur lang genug diskutieren – irgendwann gibt's die Nazikeule.

Mike Godwin, Anwalt und Internetaktivist, formulierte diese These bereits 1990. Seiner Meinung nach trivialisieren unpassende Nazivergleiche den historischen Holocaust.

Keulen sind bekanntlich eher grobschlächtige Instrumente. Wer seine Gesprächsteilnehmer auf diese Weise niederknüppelt, also disqualifizieren will, betreibt das genaue Gegenteil einer inhaltlichen Auseinandersetzung und somit einer meinungsfreiheitlichen Weiterführung der Diskussion. Die grundsätzliche Abwertung des anderen Sprechers ist ein Abbruch des Gesprächs auf der Sachebene.

Stattdessen wird beleidigt. Metaphorisch gesprochen: Wer die Keule rausholt*, beendet die Diplomatie und beginnt die Gewalt.

Es gibt weitere Möglichkeiten, die inhaltliche Ebene zu verlassen und zu einem Angriff auf die Person überzugehen.

Eine Möglichkeit ist die Beleidigung auf der Metaebene. Man richtet seine Beleidigung nicht direkt an den Sprecher, sondern beleidigt das vom Sprecher Gesagte. Allerdings auf der Metaebene.

A: Ohne Die Grünen wäre Deutschland beim Thema Umweltschutz wohl ärmer dran.
B: Jaja. Deine Öko-Propaganda kannst du dir sparen!

Was passiert hier? Es ist zumindest klar, was *nicht* passiert. Es passiert keine inhaltliche Diskussion. Es wird nicht besprochen, ob As Aussage nun halbwegs stimmt oder nicht. B tut die Aussage von A als «Propaganda» ab. Es handelt sich um den Versuch, dem Inhalt des Gesagten die Glaubwürdigkeit zu nehmen, indem man den Modus beleidigt. Der Gegenangriff zielt weniger auf das Thema der Rede als auf die Art der Rede.

Es gibt viele Wege, das Gesagte des Gesprächspartners zu diskreditieren. Man kann jemandem zum Beispiel eine Lüge unterstellen. Von wegen. Glaubst du doch selber nicht.

---

* Ich bitte darum, das Phallische an dieser Metapher zu ignorieren.

Was erzählst du für Märchen? Du hast aber eine blühende Phantasie!*

Man beleidigt das Wie. Und indem man das Wie beleidigt, beleidigt man quasi nebenbei noch den Sprecher – er ist es ja, der sich so ausdrückt – und den Inhalt des Gesprochenen. Beleidigungen auf der Metaebene können insofern recht effektiv sein.

Eine weitere beliebte Möglichkeit, auf dieser Metaebene zu beleidigen, ist es, dem anderen «Hetze» zu unterstellen. Man verstehe mich nicht falsch. Hetze gibt es wirklich. Sie ist kein Phantasiegebilde. Nein, laut Duden ist sie u. a.

> «**Hetze** (abwertend) [die] Gesamtheit unsachlicher, gehässiger, verleumderischer, verunglimpfender Äußerungen und Handlungen, die Hassgefühle, feindselige Stimmungen und Emotionen gegen jemanden, etwas erzeugen»

Solche Hetze existiert. Sie ist zudem die Grundlage dessen, was wir als Volksverhetzung kennen. Das Gerede von «Negern» oder «Schwuchteln» ist als hetzerisch zu werten. Auch die im rechtsnationalistischen Bereich übliche Rede von «Invasoren» oder «Scheinasylanten» ist hetzerisch, da undifferenziert und unsachlich gegen Migranten Stimmung gemacht wird. Auch gegen Einzelpersonen, zum Beispiel Regierungsmitglieder, vor allem Frau Merkel, wird

---

* Ich kann das, was du sagst, auch abwerten, indem ich es eine «Verschwörungstheorie» nenne.

mit großer Regelmäßigkeit gehetzt. Hetzen heißt jemanden mit Dreck zu bewerfen und zu hoffen, dass man trifft.
Hierbei handelt es sich um die *echte* Hetze, die oft mit Diskriminierung Hand in Hand geht. Ihr Ziel ist die negative
Stimmungsmache. Die Beleidigung.

Auf der Diskussionsebene hat sich – vor allem im Internet – allerdings eine neue Verwendung etabliert. Es ist das,
wie ich es nennen möchte, Schein-Hetze-Argument.

Immer öfter unterstellen sich Kommentatoren gegenseitig «Hetze». Nicht weil sie vorher etwas direkt Hetze-
risches im engeren Sinne gesagt hätten. Nein, das Schein-
Hetze-Argument dehnt den Begriff der Hetze auf alles aus,
was dem Beleidiger als unliebsam erscheint.

Die Presse berichtet kritisch über Donald Trump?

«Hetze!»

Die AfD wird von Kommentatoren als «rechts» bezeichnet?

«Hetze!»

Du findest mein neues T-Shirt hässlich?

«Hetze!»

Alles ist plötzlich Hetze, Hetze, Hetze. Dabei ist eine kritische Berichterstattung keine Hetze. Sie ist Kritik. Kritik
ist sachlich und beleidigt nicht. Hetze ist beleidigend und
unsachlich. Jemanden als (politisch) «rechts» oder «links»
zu beschreiben ist auch keine Hetze.[*] Und wenn du mir

---

[*] Auch wenn «rechts» nicht so toll klingt. Tja. Im Frühling 2017

sagst, dass mein T-Shirt hässlich ist, steht im Zentrum deiner Aussage dein Werturteil über mein T-Shirt – nicht die Beleidigung meiner Person.

Einer anderen Person «Hetze» zu unterstellen ist übrigens ein *moralisches* Metaebenen-Argument. Wer hetzt, führt nichts Gutes im Schilde. Es ist deshalb eine Argumentum ad hominem. Wer hetzt, muss moralische Defizite haben. Es muss sich um einen schlechten Menschen handeln. Also muss das, was der Hetzer sagt, auch nicht wahr sein. Man sollte es ignorieren. Der Inhalt ist egal.

Wenn ich dir «Hetze» unterstelle, versuche ich, zwei Fliegen mit einer Klappe zu schlagen: Einerseits diskreditiere ich das von dir Gesagte (auf der Metaebene durch das Etikett «Hetze») und andererseits diskreditiere ich dich als Sprecher (auf der personalen Ebene, denn du bist ein «Hetzer»).[*]

Ein Hetzer verdient die rote Karte.

Alle werfen sich plötzlich gegenseitig Hetze vor. Einerseits hat die tatsächliche Hetze zugenommen – vor allem im Internet, vor allem gegen Politiker und Migranten. Deshalb taucht der Begriff berechtigterweise öfter auf. Andererseits wird der Begriff deswegen populärer – und somit öfter missbraucht. Als Schein-Hetze-Argument zum Beispiel.

---

hat ein Gericht entschieden, dass ein Professor, der dagegen geklagt hatte, sich durchaus als «rechtsradikal» bezeichnen lassen muss. Weil einige seiner Äußerungen sich so deuten lassen.

[*] Ähnlich verhält es sich mit «Lüge» und «Lügner».

Sogar in Fällen milder Kritik hagelt es mittlerweile Hetze-Vorwürfe. Hetze hier, Hetze da.* Von links nach rechts und von rechts nach links. Wobei ganz klar ist, dass bestimmte Gruppen öfter hetzen. Und genau diese Gruppen sind es, die anschließend versuchen, sich das Wort anzueignen und in ihr eigenes «Repertoire der Vorwürfe» aufzunehmen.

Alle rufen «Selber Hetze!», wie die Kindergartenkinder.

So beleidigt man die Rede des Gegenübers. Und somit, über Bande, auch das Gegenüber. Das Schein-Hetze-Argument ist insofern eigentlich kein Argument, sondern eine Beleidigung auf der Metaebene.

Der inflationäre Gebrauch tut einem Begriff allerdings nie gut. Wenn jeder ein Hetzer ist, ist niemand mehr ein Hetzer. Denn die echte Hetze, die keine Kritik ist, sondern knallharte Beleidigung unter der Gürtellinie, die gibt es ja wirklich. Insofern sollten wir alle einen Gang zurückschalten – und nur echte Hetze «Hetze» nennen. Kein Etikettenschwindel, bitte. Also hören wir lieber auf mit der blöden Hetze gegen bloße Kritiker.

Hetze, Lüge, Propaganda, Verschwörungstheorie – Hauptsache ist, dass ich deinem Gerede ein negatives Etikett gebe. So diskreditiere ich den Inhalt deiner Rede, ohne mich auf irgendeine Weise inhaltlich mit ihr auseinandersetzen zu müssen. Die Auseinandersetzung findet nur ab-

---

* Nervt es schon, wie oft selbst ich das Wort «Hetze» hier verwende? Ja? Mich auch.

strakt statt, auf der Metaebene. Als Schein-Auseinandersetzung. Eine Abwertung ohne Argumente. Das ist bequem für mich als Beleidiger. Aber schlecht für die inhaltliche Diskussion. Und was dem intelligenten Austausch von Meinungen schadet, schadet langfristig auch der Demokratie.

Damit jedoch kein Missverständnis aufkommt: Das alles gibt es wirklich. Es wird gelogen, es gibt gezielte Manipulationsversuche, es wird wirklich gehetzt. Das sind keine ausgedachten Etiketten ohne Gegenstück in der Wirklichkeit. Keineswegs. Wer seinem Gesprächspartner allerdings so etwas unterstellt, muss es auch begründen. Das sind Vorwürfe, die man nicht einfach so mal in den Raum stellt. Deswegen muss man erklären, was man damit meint. Wer sich weigert, seine Anschuldigungen argumentativ zu unterfüttern, der will vermutlich vor allem eines – den anderen als Sprecher beleidigen. Diffamieren. Ich sage also nicht, dass man nicht kritisieren darf. Ich sage: Es ist ein Alarmsignal, wenn ein Sprecher einem anderen Sprecher Böses unterstellt, ohne diese Unterstellung zu begründen. Das deutet eher darauf hin, dass der Untersteller Böses im Sinn führt, nicht der Beschuldigte.

HETZLICHEN DANK

Es scheint fast, als gäbe es ein Spannungsverhältnis zwischen der Sachebene und der Beziehungsebene. Das ist, bei genauer Betrachtung, nicht im Geringsten verwunderlich.

Sachthemen und Aussagen über Sachthemen schweben wie gesagt nicht einfach so in der Welt herum: Es braucht Menschen, die über sie sprechen (Sachebene) – und zwar miteinander (Beziehungsebene).

Die Kunst der Fairness beziehungsweise des fairen Dialogs besteht deswegen darin, beide nicht zu vermischen. Zumindest nicht böswillig. Wenn ich deiner Meinung in puncto Atomkraft, Kanzlerkandidat oder Grillmarinade widerspreche, sollte ich mit inhaltlichen Argumenten kontern. Und dich nicht einen ungewaschenen Öko, einen leichtgläubigen Gutmenschen oder einen geschmacklosen Gewürzpanscher nennen.

Meinungsfreiheit lebt sich vor allem auf der Sachebene aus. Meinungen stoßen dort an ihre juristischen Grenzen, wo die Sachebene gänzlich verlassen wird in Richtung Beleidigung.[*]

Deswegen ist es wichtig zu erkennen, auf welcher Ebene meine Mitspieler mit mir reden. Nur so kann ein Gespräch angemessen gelenkt werden, sei es schriftlich oder mündlich. Und wer das Gespräch lenkt, ist klar im Vorteil. Es heißt ja auch Gesprächs*führung*.

Die Metaebene ist dabei immer zu berücksichtigen. Man kann sie erfragen, zum Beispiel durch ein entweder laut oder nur für sich gestelltes «Worüber reden wir gerade?». Ist die Antwort «Wir reden über mich oder dich, die Sprecher», so sind wir eher auf der Beziehungsebene. Ist

---

[*] Stichwort «Sackdoof, feige und verklemmt» (Schmähkritik).

die Antwort «Wir reden über Thema X», sind wir auf der Sachebene.

Ebenenwechsel sind in einer Diskussion insbesondere dann zu erwarten, wenn ein Konflikt im Raum steht. Dabei muss dieser Konflikt keineswegs ausgesprochen sein. Nein, im Gegenteil. Die meisten Konflikte sind implizit, spielen sich also zwischen den Zeilen ab.

Der Konflikt kann seinerseits wiederum auf der Sachebene oder auf der Beziehungsebene stattfinden. Oder beides. Wir können sachlich ganz anderer Ansicht sein, was zu einem Konflikt führt. Wir können uns unsympathisch finden, was zu einem Konflikt führt. Wir können uns unsympathisch finden, *weil* wir anderer Meinung sind.

Eine optimale Voraussetzung für Beleidigungen.

Wir haben es schon am Beispiel mit Frau Künast und ihren Internet-Hatern gesehen. Diese Menschen sind anderer Meinung als Frau Künast – in Sachthemen. Sie denken anders über die Welt und die Gesellschaft als sie. *Deswegen* beleidigen sie.

Durch einen sachlichen Konflikt entsteht eine Reibung, die sich auf der Beziehungsebene entlädt. Stichwort: Ventilfunktion von Beleidigungen.

Es geht jedoch nicht nur um einzelne Sachthemen. Dann könnte man sich ja einfach einlesen, sachlich informieren und vielleicht seine Meinung ändern, was das Konfliktthema angeht. Sei es Sexualkundeunterricht oder Atomkraft oder Grenzkontrollen.

Es geht allerdings um mehr. Es geht nämlich oft – jetzt

folgt ein großes Wort – um Weltanschauung. Die Weltanschauung ist vieles: eine sehr grundsätzliche Haltung zur Welt, das persönliche Menschenbild, die Vorstellung von Gesellschaft. Die Weltanschauung ist wiederum das Fundament, auf dem unsere politische Meinung steht. Die unterschiedlichen politischen Parteien verkörpern insofern unterschiedliche Weltanschauungen. Perspektiven.

Deine Weltanschauung ist die Brille, durch die du die Welt siehst. Eine Brille, die die meisten Menschen niemals putzen.

Aus unserer Weltanschauung und unseren Überzeugungen folgt die Art und Weise, wie wir leben. Wie wir handeln. Wenn mir Umweltschutz wichtig ist, schmeiße ich die Coladose nicht in den Wald. Mag ich andere Kulturen, reise ich vielleicht viel und lerne die ein oder andere Fremdsprache. Liegen mir andere Menschen am Herzen, bin ich eher bereit zu helfen.

Die Logik ist einfach: Wenn Weltanschauungen kollidieren, gibt es Stress.

Ist man einer Meinung oder zumindest irgendwie «auf derselben Seite», gibt es weniger Probleme. Die Meinungen stehen im Einklang und somit die dazugehörigen Menschen.

Anders ist es, wenn man die Dinge ganz anders sieht. In einer perfekten Welt wäre die Lösung ein sachlicher Streit auf Augenhöhe. Respektvoll. Demokratisch. Das, was wir auch Meinungspluralismus nennen. Du sagst mir, was du denkst, ich sage dir, was ich denke. Niemand muss der Meinung des anderen sein, aber jeder muss die Meinung des anderen – bis zu einem bestimmten Punkt – zumindest tolerieren.

Da die Welt jedoch nicht perfekt ist und Toleranz für viele Menschen ein Fremdwort, hagelt es nicht nur Widerspruch[*], sondern auch Beleidigungen.[**] Schlimmstenfalls führt das Ganze sogar zu körperlicher Gewalt.[***]

Wenn du's magst, dann bist du cool Wenn du's nicht magst, bist du ein Bastard

K.I.Z

Spielen wir zwei unterschiedliche Standpunkte durch. Stark vereinfacht, ja. Doch wir werden sehen, wie ein Konflikt, der auf der Sachebene auf verschiedenen Weltanschauungen fußt, sich dann in Beleidigungen entladen kann.

Auf der einen Seite finden wir zum Beispiel diesen Standpunkt:

Jetzt wollen wir also diesen «Asylbewerbern» Zuflucht gewähren. In unserem schönen Land. Dabei sind das doch gar keine Asylbewerber! Sozialbetrüger sind das! Die wollen sich

---

[*]   Das ist okay.
[**]   Das ist weniger okay.
[***] Ganz und gar nicht okay.

in unsere Gesellschaft hineinschummeln. Ohne sich zu integrieren. Ohne Deutsch zu lernen. Mit ihren Moscheen und ihren Kopftüchern. Und dann leben die hier – wie die Made im Speck. Von unseren Steuern! Und das, nachdem die Politik Jahrzehnte nichts für UNS getan hat. Ja, ja! Von wegen!

So oder so ähnlich las man es in den letzten Jahren gefühlt zehntausendfach in Kommentaren im Internet, man hörte es auf den Straßen oder sogar in den Medien, wenn sich doch mal einer von Pegida, AfD und Co. erbarmte, mit der «Lügenpresse»[*] zu sprechen.

Die Nazikeule lassen wir in diesem Fall mal stecken.

Auf der anderen Seite hörte man zum Beispiel:

Migration ist ein ganz normales Phänomen, das gab es schon immer. Kulturen entstehen, indem sich Menschen vermischen. Darüber hinaus hat Europa und die ganze Welt nur dann eine Zukunft, wenn wir uns gegenseitig unterstützen. Wenn Menschen anderen Menschen helfen. Außerdem gibt's da gar nix zu diskutieren! Asyl ist ein Grundrecht! Ohne Obergrenze oder irgendwas. Menschen in Not bieten wir also Schutz. Und sowieso: Wir haben eine Teilschuld an der Misere anderer Länder! Wir haben Verantwortung! Wenn Menschen zu uns kommen und ihren Platz in der Gesellschaft finden, dann ist das eine Bereicherung – für uns alle!

---

[*] Der Ausdruck ist natürlich eine Beleidigung. Und zwar eine Beleidigung auf der Metaebene der Rede, welche den Status der Rede als Lüge beschimpft: «Den Medienberichten darf man nicht trauen, sie lügen uns nämlich an. Sie verdrehen die Sachverhalte!» Und wer lügt, ist ein Lügner.

Das sind gegensätzliche Einstellungen. Beide treffen Aussagen über die Welt – und widersprechen sich. Zunächst nur auf der Sachebene. Inhaltlich. Doch das bleibt nicht lange so.

Denn die Spannungen, die nicht nur bei diesem politischen Thema entstehen, sind offensichtlich. Was oft folgt, sind Beleidigungen.

Warum? Können Menschen nicht mehr normal miteinander reden?

Das Interessante ist: Beide Seiten denken, dass man mit der anderen Seite «nicht mehr normal reden» könne.[*] Dass ein Dialog unmöglich sei. Das ist gefährlich. Gibt es zu wenig Streit, schläft die Demokratie ein. Gibt es zu viel Streit, zerreißt sie.

Was ist also los?

Der Konflikt wurzelt in unterschiedlichen Werten. Darum geht es. Weil jeder Mensch ein tieferliegendes Wertesystem hat, das in seinen Äußerungen gar nicht direkt auftaucht.[**] Sondern indirekt. Es gibt Gründe dafür, warum man sagt, was man sagt. Es gibt Gründe dafür, dass einen

---

[*] Gesellschaftliche Spannungen sind natürlich kein exklusiv deutsches Phänomen. Es gibt sie überall. Ungewöhnlich deutlich sehen wir sie zum Beispiel in den USA im Trump-Zeitalter. In der Türkei streiten sich währenddessen Erdoğan-Unterstützer und Erdoğan-Gegner. Letztere landen immer häufiger im Knast.

[**] Ganz im Sinne des Eisberg-Prinzips: Der Großteil des Eisbergs liegt unterhalb der Wasseroberfläche. Was wir wahrnehmen, ist nur ein kleiner Ausschnitt.

die Gegenseite fürchterlich auf die Palme bringt. Warum man sie als «Volksverräter» bezeichnet oder ironisch als «besorgten Bürger».[*]

Auf was für Weltanschauungen lassen die beiden obigen Standpunkte schließen?

Die eine Weltanschauung ist eher von Misstrauen geprägt. Misstrauen gegen «das Fremde» und vor allem gegen die Fremden, die «das Fremde» verkörpern. Die Grenzen zwischen Wir und Nicht-Wir werden strenger gezogen – es geht um räumliche, kulturelle, sprachliche Grenzen. Wenn es um Fürsorge geht, dann «zuerst um uns». Nicht alle Menschen passen zusammen. Und somit geht es auch um Herkunft und Aussehen.

Diese Weltanschauung ist skeptisch in Bezug auf andere Menschen. Es geht um *Exklusivität*.

In der anderen Weltanschauung geht es darum, Fremden zu helfen. Ganz egal, wo sie herkommen. Es geht um Fürsorge, unabhängig von Herkunft oder Hautfarbe. Es geht darum zu teilen. Jeder soll ein Stück vom Kuchen bekommen, auch wenn einem selbst dann etwas weniger Kuchen bleibt. Es geht um Verteilungsgerechtigkeit. Verteilung von Wohlstand, Geld, Nahrungsmitteln und Wohnraum.

Diese Weltanschauung ist weniger skeptisch in Bezug auf andere Menschen. Es geht um *Inklusivität*.

Wer sich *verstehen* will, muss miteinander *diskutieren*. Im halbwegs friedlichen Austausch von Meinungen kommt

[*] Und damit meint «rechter Spinner!».

man sich nämlich näher. Und Annäherung ist das, was wichtig ist in einer Demokratie. Das Gegenteil davon ist Unverständnis, Ablehnung und Distanz. Beleidigungen sind eine gute Möglichkeit, einander abzustoßen. Wie oben gezeigt wurde, können Beleidigungen sinnstiftend sein, indem sie einerseits verbinden und andererseits trennen. Sie verbinden Gleichgesinnte und trennen jene, die (aus ihrer Perspektive) nicht so sind wie sie. Ob sie *wirklich* nicht so sind wie sie, findet man nur im Dialog heraus. Wer schnell beleidigt und schnell ablehnt, verspielt frühzeitig seine Chancen auf ein Kennenlernen. So bleibt man der Bauer, der nicht frisst, was er nicht kennt. Ein Ignorant.

Nur im Dialog kann ein Perspektivwechsel stattfinden. Wenn die Argumente des anderen nachvollzogen werden, kann dies nicht nur Verständnis (durch den Perspektivwechsel), sondern auch Mitgefühl erzeugen. Die eine Seite erklärt, warum sie sich Sorgen um die Heimat macht – und die andere Seite sagt, warum es sich lohnt, anderen zu helfen, selbst wenn Hilfe nicht risikolos ist. Anschließend sind sich beide Seiten bestenfalls sowohl sachlich als auch emotional ein wenig nähergekommen.

Selbst wenn man schlussendlich nicht einer Meinung ist, lernt man bei einem ordentlichen Gespräch sein Gegenüber und seine Weltanschauung kennen. Vorausgesetzt, das Gespräch konzentriert sich in einem respektvollen Tonfall auf Sachthemen – und man beleidigt möglichst wenig auf der Beziehungsebene.

Doch alles Nachvollziehen und jeder Perspektivwechsel

hat seine Grenzen. Nicht nur dass man auch im Dialog nur bedingt «aus seiner Haut» heraus kann oder will: Es gibt auch Grenzen. Es ist durchaus möglich, dass man irgendwann eine «rote Linie» erreicht. Eine rote Linie, die man nicht selbst überschreiten will.

Die rote Linie wird meist bei Themen und Aussagen gezogen, die ein bestimmtes Moralempfinden betreffen. Insofern kann die Bereitschaft zum Perspektivwechsel theoretisch erst einmal sehr groß sein – bis zu dem Punkt, wo man tatsächlich Tabus gebrochen sieht oder mit Argumenten konfrontiert ist, die der eigenen Weltanschauung fundamental widersprechen. Bis zu dem Punkt, wo es hässlich wird. Man will einander verstehen, doch irgendwo hört der Spaß auf.

Wir als Gesellschaft und die Demokratie als Gesellschaftssystem brauchen Dialogbereitschaft. Mehr noch: Wir leben davon. Bekanntlich ist das ja das Schöne an der Meinungsfreiheit. Dass man seine Meinung zu einem Thema frei und uneingeschränkt äußern kann.

Wie bereits beschrieben, kennt auch die Meinungsfreiheit ihre Grenzen. Oft sind es Grenzen des guten Miteinanders. Extremfälle. Man darf eher «fast alles» sagen als «vieles nicht». Das Spektrum des Sagbaren ist riesig.

Was es allerdings gibt, sind Aussagen, die man weder juristisch noch moralisch tolerieren *möchte.* Salopp gesagt: Man muss sich nicht jeden Scheiß gefallen lassen. Dieser grenzwertige Bereich ist mit einer sprichwörtlichen «roten Linie» markiert. Von dieser roten Linie kennen wir zwei

Varianten. Einerseits eine gesellschaftliche und andererseits eine persönliche. Die gesellschaftliche rote Linie wird wie gesagt in Gesetzen beschrieben – wer gegen Menschen oder Menschengruppen hetzt, ihnen ihre Würde abspricht oder sie beleidigt, der überschreitet eine rote Linie und gerät so in den Bereich juristischer Strafbarkeit. Darüber hinaus verkörpern Höflichkeit, Anstand und politische Korrektheit die gesellschaftlichen roten Linien. Auf der persönlichen Ebene hat wiederum jeder Mensch seine eigenen roten Linien, die auf seiner Weltanschauung basieren und ihm als besonders wichtig oder gar als irgendwie «heilig» erscheinen. Nicht selten liegt das, was gesellschaftlich als schändlich empfunden wird, und das, was man persönlich als No-Go versteht, recht nah beieinander.

In beiden Fällen heißt es:

«Bis hier und nicht weiter.»

«Was du sagst, ist empörend, beleidigend und menschenfeindlich.»

Wenn wir zum Beispiel über Flucht und Migration reden, können wir über Menschenrechte sprechen, über Arbeitsmarktpolitik oder Fluchtursachen. Es ist auch kein Problem, kritische Themen anzusprechen, Integrationsschwierigkeiten, religiöse Unterschiede, Konflikte im Alltag und so weiter. Die Frage ist aber, wie man das macht. In welchem Tonfall. In welcher Wortwahl.

Bei diesem Thema werden aber auch regelmäßig rote Linien überschritten – Menschenwürde und Menschenrechte werden missachtet. Dann wird es rassistisch.

«Das sind alles Invasoren, die unsere Kultur zerstören wollen.»

«Die jungen Männer, die als Asylbewerber kommen, wollen eh nur klauen und vergewaltigen.»

«Meine Tochter dürfte keinen dunkelhäutigen Freund haben.»

Solche Aussagen empören uns zu Recht. Sie sind menschenfeindlich.

Menschenfeindlichkeit bedeutet, einem Dritten oder einer ganzen Gruppe ihren Wert als Menschen abzusprechen. Ihre Würde anzugreifen. Man muss ihnen Wert und Würde nicht unbedingt komplett absprechen. Es reicht, wenn man «die da» so darstellt, als ob sie weniger wert wären. Minderwertig.

Das funktioniert einerseits auf der Aussagenebene: Indem man falsche, diffamierende, beleidigende Aussagen über Menschen macht. Alles Diebe, alles Vergewaltiger, alles Invasoren.[*] Man kann «sachlich» beleidigen, wobei ich «sachlich» nicht nur in Anführungszeichen schreibe, weil solche Sätze bloß Behauptungen sind. Es sind nur scheinbar Sachaussagen. In Wahrheit sind es Beleidigungen, die sich als sachliche Aussagen maskieren. Unterstellungen. Indem man einem Menschen oder meistens einer ganzen Gruppe von Menschen niedere Motive und ein bösartiges Wesen unterstellt, will man sie auf der Beziehungsebene

---

[*]   Eine gezielte Verächtlichmachung nennt man auch «Dämonisierung».

diffamieren. «Die da» sind nicht «so wie wir».[*] Sie sind schlechter, niederträchtiger, gefährlicher. Das ist Menschenfeindlichkeit, die sich in Scheinaussagen versteckt. Menschenfeindlichkeit, die eine rote Linie überschreitet. Hetze.

Soziologen sprechen von gruppenbezogener Menschenfeindlichkeit. Um welche Gruppe es geht, ist natürlich wichtig – aber der Mechanismus ist immer ähnlich. Jemand, der glaubt, dass «die Ossis asozial sind», unterscheidet sich in der Denkweise nicht von jemandem, der «die Asylanten für gefährlich» hält, oder von jemandem, der «Schwule eklig» findet. Es geht jeweils um undifferenzierte Minderwertigkeitszuschreibungen. Um gruppenbezogene Menschenfeindlichkeit.

Andere sparen sich den Umweg über einen Pseudoinhalt und fahren direkt zur Grenze. Zur roten Linie. Indem sie direkt, zum Beispiel rassistisch, beleidigen.

Indem man Menschen als Neger, Krüppel, Schwuchtel und so weiter bezeichnet, erschafft man eine sprachliche Wirklichkeit, in der diese Menschen nichts wert sind – oder zumindest viel weniger als man selbst oder Mitglieder der eigenen Gruppe. Insofern sind kategorische Abwertungen immer menschenfeindlich. Menschenfeindliche Beleidigungen gehen ohne Umwege in den Grenzbereich des Sagbaren.

---

[*] Bei diesem Mechanismus spricht man auch von othering. Andersmachung.

Wer solche Vokabeln bewusst oder unbewusst benutzt, wechselt wieder einmal direkt auf die Beziehungsebene. Anstatt Probleme, Sachverhalte oder Konflikte zu diskutieren, hört der Diskussionspartner vor allem eins: «Ich kann diese Menschen wirklich nicht leiden.»

Wie geht man mit menschenfeindlichen Aussagen um? Was kann man tun, wenn die rote Linie tangiert wird?

Zunächst: Locker bleiben.

Sofern man sich über ein Sachthema unterhalten will, hilft es wenig, wenn man sich auf ein unterirdisches Niveau herablässt. Stattdessen hilft: Die Nerven behalten und die Aussagen *als Aussagen* thematisieren. Anstatt jemandem, der zum Beispiel aus rechter Ecke menschenfeindlich und beleidigend redet, die «Nazikeule» zu geben, sollte man das Gesagte aufgreifen und nicht den Sprecher beleidigen. Sofern es noch Interesse an einem sachlichen Gespräch gibt, sollte man sich nicht provozieren lassen, egal wie empörend manche Aussagen wirken. Sonst sagst du etwas Beleidigendes, ich beleidige dich deswegen, du beleidigst mich zurück und so weiter. Es entsteht ein Beleidigungskreislauf – und das ist das Ende des intelligenten Dialogs.

Insofern: cool bleiben. Selbst wenn dein Gegenüber wie ein menschenfeindliches Arschloch redet. Wenn du ihn «menschenfeindliches Arschloch» nennst, ist die sachliche Auseinandersetzung vorbei.

Besser: Thematisiere das Niveau. Versuche, wieder Sachlichkeit ins Gespräch zu bringen.

«Mit Vokabeln wie ‹Neger› tust du deiner Position keinen Gefallen.»

«Wir sollten Generalisierungen wie ‹Alle X sind Y› vermeiden. Sie stimmen in der Regel nicht.»

«Solche Sprüche werden der Komplexität unseres Themas nicht gerecht. Lass uns weiterhin sachlich bleiben.»

Klingt alles nicht supercool, ist aber ein legitimer Versuch, ein Sachgespräch zu retten.

Das A und O ist jedenfalls, dass man sich gegenseitig zuhört. Dass man sich Wohlwollen entgegenbringt, sich ernst nimmt.

INTOLERANZ NICHT TOLERIEREN

Allerdings muss man Menschen nur bis zu einem bestimmten Punkt das erwähnte Wohlwollen entgegenbringen. Wenn jemand mit seinen Aussagen oder seiner Sprache zu oft die «rote Linie»* überschreitet, ist es nicht mehr möglich, ihn wohlwollend ernst zu nehmen. Die Gesprächsbasis für einen Sachdialog schwindet. Eine zu extreme, vor allem menschenfeindliche Position auf der *Sachebene* kann problemlos dazu führen, dass man auf der *Beziehungsebene* den Kontakt abbrechen möchte. Genug ist genug. Egal wie besorgt der besorgte Bürger ist oder wie wütend der Wutbürger – irgendwann ist Schluss mit lustig.

* Eigentlich ja Plural: rote Linien.

Das Motto heißt: Keine Toleranz für Intoleranz.

Wer gegen Menschen und Menschengruppen hetzt, dem kann man nicht mehr mit einem «Na gut, das kann man vielleicht so sehen» gegenübertreten.

Wer nur Grenzen überschreiten und Tabus brechen will, der ist kein würdiger Gesprächspartner.[*] Denn ein gutes Gespräch auf Sachebene setzt ja gerade voraus, so wenig Tabus wie möglich zu brechen und gleichzeitig so viele Gemeinsamkeiten wie möglich zu finden. Anders formuliert: Man sollte sich bestenfalls nicht auf den Sack gehen.

Sprechen ist Verhandeln. Kommunikation ist Diplomatie. Ein Gesprächsabbruch ist immer möglich.

DU OPFER

Was ist mit der berühmten Opferrolle? Wenn ein Mensch sich im Laufe einer Auseinandersetzung angegriffen und beleidigt zeigt?

Beleidigung, Beleidigtsein und Opferrolle hängen irgendwie zusammen.

Fest steht: Wenn jemand auf der Beziehungsebene von

---

[*] Auch wenn man durch das Brechen von Tabus Aufmerksamkeit erhält und irgendwie im Gespräch bleibt – und sei es als Zielscheibe. Populisten gehen gerne so vor. Sie nutzen das kontrollierte Brechen von Tabus sogar als Kommunikationsstrategie. Das geht natürlich nur, wenn die Gegenseite sich leicht aus der Fassung bringen lässt. Strategische Provokationen sollte man als solche erkennen – und benennen. So entzaubert man sie.

einer anderen Person beleidigt wird, fühlt diese Person sich oft als Opfer.

Was heißt das, Opfer sein?

Zunächst einmal heißt es, dass sich etwas ereignet hat – beziehungsweise dass gehandelt wurde. Es ist etwas passiert, und zwar zwischen Menschen. Denn in der Regel werden Menschen Opfer von Handlungen anderer Menschen. Natürlich gibt es Unfälle und Katastrophen, denen man zum Opfer fallen kann im Sinne von Todesopfer. Im sozialen Raum ist ein Opfer jedoch meist ein Geschädigter, der es so *empfindet*, dass eine Tat gegen ihn gerichtet wurde. Ein Opfer ist insofern ein Leidtragender, das Subjekt eines ihm widerfahrenen Übels. Und vor allem: unverschuldet. Wer Opfer wird, trägt, so der Grundgedanke, in der Regel an seinem Opfersein keine oder wenig Schuld.

Schuld ist stattdessen: der Täter.

Kein Opfer ohne Täter.

Insofern ist das Opfersein ein sozialer Status, der mehrere Menschen voraussetzt. Einerseits das Opfer und andererseits den Täter. Einer ist deswegen der Täter, weil er *einen anderen Menschen zum Opfer gemacht hat*. Die Täter-Opfer-Beziehung bedingt sich wechselseitig.

Das ist die Grundidee.

Was hat das Ganze mit Sachdiskussionen und Beleidigungen zu tun?

Nun, man kann auch Opfer sprachlicher Gewalt werden. Im Großen und Ganzen handelt dieses Buch davon.

Wenn ich dich zum Beispiel als Neger oder Nazi bezeichne, wirst du Opfer meiner Sprache. Indem ich dich beleidige, widerfährt dir Leid. Ich beschädige dein öffentliches Bild. Hierbei handelt es sich um eine Beleidigung auf der Beziehungsebene.

Doch auch inhaltliche Aussagen können beleidigen, schmerzen oder ausgrenzen. Oft sind es die berühmten All-Aussagen. Alle Ossis sind rechts, alle Migranten sind kriminell, alle Polizisten sind Bastarde.[*]

Ich kann dich zum Opfer meiner Handlungen machen, indem ich sprachlich übergriffig werde. Indem ich angreife.

Dabei muss man sich gar nicht «Opfer» nennen, um eines zu sein. Man kann sich schlichtweg beleidigt oder empört zeigen. Der Opferstatus ist ein Status auf Beziehungsebene – und nicht unbedingt an das Wort «Opfer» gebunden.

Nicht zuletzt geht es um Macht. Wer durch Beleidigungen und Übergriffe zum Opfer wird, gegen den wurde Macht ausgeübt. Gleichzeitig liegt der Vorwurf im Raum: «Du hast mich zum Opfer gemacht!»

Somit tritt die Sachebene und die demokratische Auseinandersetzung über ein Thema in den Hintergrund. Eine sachliche Diskussion hat nämlich keine Opfer, sondern Diskussionsteilnehmer. In den Vordergrund tritt der wie auch immer geartete Übergriff, die als schädlich empfundene Beleidigung. Es geht nicht mehr um ein Thema, sondern um die Emotionen und den Status der Diskutanten. Der Opfer-

---

[*] Alle drei Behauptungen sind Quatsch.

status ist – wie die Beleidigung! – selbst ein Machtmittel. Ein Machtmittel, das eine Auseinandersetzung beeinflusst. Hier sehen wir die disruptive Funktion von Beleidigungen. Sie (zer)stören einen Dialog auf Augenhöhe. Ein Sachgespräch. Wenn einer der Gesprächspartner sich als Opfer fühlt (wovon auch immer), verändert das die Beziehungsebene. Zum Negativen.

Damit will ich nicht sagen, dass man sich nicht berechtigterweise als Opfer fühlen kann. Ich sage vielmehr: Innerhalb einer Sachdiskussion oder einer gemeinsamen Problemlösung ist es nicht immer sinnvoll, «die Opferkarte» zu sehr zu zeigen.* Weil es das Gefälle verändert. Lieber sollte man versuchen, das Gefälle wieder zu stabilisieren. Augenhöhe wiederherzustellen. Sich der Sachebene widmen!

Alles in allem haben wir gesehen, dass es verschiedene Möglichkeiten gibt, den anderen zum Schweigen zu bringen oder als Idioten darzustellen. In einer «guten Diskussion» geht es bestenfalls auf Augenhöhe um ein Thema. Die Sprecher nehmen sich selbst als Menschen zurück und

---

* Es gibt übrigens auch den kuriosen Fall, dass jemand fertiggemacht wird, weil sie oder er sich nach einem traumatischen Erlebnis nicht ausreichend als Opfer zu erkennen gibt. Ein berühmter Fall ist der von Natascha Kampusch. Viele Menschen in Presse und Öffentlichkeit hatten offenbar Probleme damit, dass sie nach ihrer Tortur noch selbstbewusst und intelligent auftreten konnte. Sie wurde vielfach beleidigt, weil sie nicht unseren Vorstellungen eines Opfers entsprach.

versuchen, ihren Argumenten zur Geltung zu verhelfen. Diese Argumente sind natürlich oft Sichtweisen, die sie als Menschen vertreten. In einem sachlichen Gespräch treten aber nicht Menschen direkt gegeneinander an. Wenn wir sachlich miteinander kommunizieren, tauschen wir unsere Meinungen in Form von Argumenten aus. Dabei gehen wir aufeinander ein und aufeinander zu. Pro und Contra. Ja und Aber. Sprechen und sprechen lassen. Sachlich.

Wir gehen aufeinander zu, nicht aufeinander los.

Eine Beleidigung ist oft der Wechsel von der Sachebene auf die Beziehungsebene. Mehr ein «Ich mag dich nicht» als ein «So und so ist die Welt». Sofern man wirklich auf der Sachebene vorankommen will, ist beleidigen wenig sinnvoll. Man sollte daher auf Beleidigungen verzichten, wenn es Interesse an Thema und Gesprächspartner gibt. Ganz egal, wer der Gesprächs*partner* ist. Ganz egal, was das Gesprächs*thema* ist.

Ein Sachthema diskutiert man am besten respektvoll und mit einer Prise Wohlwollen gegenüber den anderen Diskussionsteilnehmern.

Mittelfinger sind keine Argumente.

WAS DAGEGEN TUN?
AKTIV WERDEN

Wir sehen: Der Ton wird rauer. Vor allem in den (sozialen) Medien. Menschen überschreiten Grenzen, die bis vor kurzem als Hemmschwellen galten. Ein verbaler Brutalismus greift um sich.

Was kann man dagegen tun? Ich? Du? Wir alle als Gesellschaft?

Die erste Reaktion auf eine Beleidigung ist oft: Starre. Schock. Oft beides: eine Schockstarre.

Wir handeln nicht, reagieren nicht, weil wir schockiert sind von den Entgleisungen, den Beleidigungen unseres Gegenübers. *Was* hat er[*] da gerade gesagt?! Warum hat er mich «Fotze» genannt? «Hurensohn»? «Volksverräter»?

Wir empören uns und schrecken zurück. Vor allem wollen wir nicht, dass die Situation weiter eskaliert. Wer beleidigt wird, bleibt deswegen oft erst einmal passiv. Ist in der Defensive. Bleibt Zielscheibe.

Doch Schockstarre und Passivität sind falsch.

Vielmehr: Sie sind Teil des Problems, nicht der Lösung. Auch wenn es Kraft und Energie kostet: Wer Opfer grober Beleidigungen wird, sollte aktiv werden. Handeln.

[*] Hand aufs Herz: In der Regel ist es ein Er.

Die Schockstarre überwinden heißt, wieder zum Handelnden zu werden. Zum Akteur. Zum Mitspieler. Wenn ich angegriffen werde, sollte ich lernen, die Kraft des Angreifers umzuleiten – wie beim Judo.

Es geht um *Selbstverteidigung*.

Das, was verteidigt wird, ist in diesem Fall nicht der eigene Körper. Was man verteidigen sollte, ist die Selbstachtung, den Ruf, die eigene seelische Gesundheit.

Indem man selber aktiv wird, ist man nicht in der Rolle eines passiven Opfers. Die verbale Ohrfeige eines Beleidigers tut zwar weh – doch sie setzt uns in der Regel nicht k. o. Wer beleidigt wird, sollte nicht einfach die berühmte «andere Wange hinhalten». Schlimmstenfalls so oft und so lange, bis man wirklich k. o. geht.

Was also tun?

Wie immer: Der Zusammenhang entscheidet. Es gibt keine mustergültige Antwort. Was man tun sollte, ist vom jeweiligen sozialen Kontext abhängig. Fest steht allein, *dass man etwas tun sollte*.

Es geht um Selbstverteidigung und um Selbstbehauptung. So, wie der Beleidiger mir gegenüber wirksam ist, sollte ich selbst wirksam werden. Und wirksam ist nur derjenige, der handelt. Etwas tut.

Wir sind nämlich keine Zielscheibe und kein Boxsack. Wir sind Menschen und können als solche *wirken*.

Wie in einem Schachspiel kommt es auf den nächsten Zug an. Danach richtet sich der Ausgang der Konfrontation.

Vor allem: Das Blatt kann sich wenden. Auch wenn du dich nach einer Beleidigung erst einmal beschissen fühlst und niedergeschlagen bist. Schlimmstenfalls stehst du sogar ein wenig lächerlich da.

Das Motto lautet: Aufstehen. Weitermachen. Aktiv werden. Die Frage ist: Gegenüber wem?

Da gibt es grundsätzlich nur zwei Optionen. Egal, ob man online oder offline, schriftlich oder mündlich beleidigt wurde.

Aktiv werden kann man gegenüber:

- dem Aggressor
- Dritten

Auch wenn ich viele Sportmetaphern benutze – Schach, Boxen, Dart, Judo –, ist eigentlich klar: Das sind bloß Sinnbilder. Beleidigen ist nämlich eine ganz und gar unsportliche Angelegenheit. Man will zwar Treffer landen und gewinnen. Aber mit einer regelkonformen und fairen Auseinandersetzung wie im Sport hat Beleidigen in der Regel nicht sehr viel zu tun. Beleidigen ist eher eine Prügelei als ein Boxkampf.

Die gute Nachricht ist deshalb: Es gibt keine festen Regeln. Und wo es keine Regeln gibt, kann man nicht gegen sie verstoßen. Die Reaktion auf eine Kränkung kann noch kreativer sein als die Kränkung, auf die man reagiert.

Vor allem: Der Beleidiger ist nicht dein einziger Mitspieler. Du bist nicht alleine im «Kampf» gegen deinen

Konkurrenten. Natürlich kannst du dir Hilfe holen. Verbündete.

Anders formuliert lauten die Optionen:

- den Beleidiger adressieren
- andere Menschen kontaktieren

Bleiben wir zunächst bei Option eins.

Wie also dem Beleidiger entgegentreten, dem blöden Asi? Auch da tun sich zwei Möglichkeiten auf. Entweder du konfrontierst den Menschen, der dich beleidigt hat, auf *konstruktive* Weise – oder auf *destruktive* Weise.

Das Beleidigen ist wie gezeigt eine Kommunikationsform, die vor allem auf die Beziehungsebene zielt. Man drückt damit aus, wie man zueinander steht. Und zwar so, dass der Betroffene es mitbekommt, es fühlt – und alle anderen, die Öffentlichkeit vielleicht auch. Nach einer Kränkung ist die Beziehung zwischen den betroffenen Menschen, nun ja, etwas belastet.[*]

Ich sag schon nicht mehr «Hallo»
Ich sag immer erst «Du Hurensohn»
Rapper Negroman im Song «Keinende»

Durch eine konstruktive Reaktion kann man versuchen, die durch die Beleidigung belastete Beziehung wieder gerade-

[*] Überraschung!

zubiegen. Wenn ein Sachthema im Vordergrund steht und die Kränkung nicht zu krass ist, kann man das Sachthema wieder in den Vordergrund stellen.

«Gut. Aber es geht jetzt nicht darum, wie blöd du mich findest, sondern um Migrationspolitik / Datenschutz / die leckerste Eissorte dieses Sommers.»

Alternativ kann man auch kurz auf die Metaebene wechseln:

«Wir haben eigentlich keinen Grund, uns zu beleidigen. Es ist okay, wenn wir nicht einer Meinung sind. Zurück zum Thema.»

Die Hauptsache ist die Überwindung der (Schock-)Starre. Etwas tun. Eine Handlung ist in der Regel besser als eine Nichthandlung.

Bei einer konstruktiven Konfrontation sucht man den Dialog mit seinem Beleidiger. Ohne selbst zu beleidigen. Ziel ist die sachliche Auseinandersetzung und die Normalisierung der Beziehung. Deswegen sollte man stets versuchen, cool zu bleiben. Sich nicht aus der Fassung bringen zu lassen.

Vor allem aber: Eine Beleidigung ist nur ein Symptom. In der Regel beleidigt niemand grundlos. Irgendwas ist los. Es gibt ein Problem, einen Konflikt. Menschen handeln aus Gründen.

Deswegen ist es wichtig herauszufinden, weswegen beleidigt wird. Wo das Problem sitzt. Wie wir im vorherigen Kapitel gesehen haben, kann es der Fall sein, dass ganz unterschiedliche Wertvorstellungen kollidieren – und die

Beleidigung ist dann Ausdruck davon, dass man die Lebens- und Denkweise seiner Mitmenschen zum Kotzen findet. Der Nazi und der Hippie, der Atheist und der Jesusjünger, der Wutbürger und … na ja, alle anderen.

Oder der Konflikt ist eine Frage der Macht. Die Machtfrage ist ganz zentral, wenn es um Beleidigungen geht. Daher solltest du ganz genau hinschauen: Lässt hier jemand seine Muskeln spielen? Will mein Gegenüber mich verletzen, um Macht über mich auszuüben? Macht sich einer größer, indem er mich kleiner macht? Soll ich eingeschüchtert werden, damit ich mein Maul halte? Alles Fragen der Machtverhältnisse.

Um die Beleidigung zu verstehen, muss man die Situation analysieren, in der sie passiert. Daher sollte man versuchen, so gut es geht, gedanklich Abstand zu gewinnen und dann wieder mit einer soziologischen Lupe heranzutreten:

Wer redet hier mit wem? Worüber? In welchem Ton?

Was ist unser Gesamtzusammenhang?

Welcher Konflikt liegt vor?

Situation, Sprecher und Motive zu hinterfragen ist wichtig. So schätzt man die Lage ein.* Im Anschluss kann man handeln.** Wenn man diese Reihenfolge beherzigt, kann man leichter *angemessen* reagieren.

---

* Phase 1: Evaluation.
** Phase 2: (Re-)Aktion.

Ich will nicht behaupten, dass man mit solchen Fragen anderen Leuten in den Kopf schauen kann. Du musst kein Hellseher sein. Doch nach ein wenig Nachdenken bist du vermutlich etwas schlauer als zuvor. Es ist nie verkehrt, sich Gedanken über den sozialen Kontext zu machen, in dem man sich gerade befindet. Es schadet nicht, mal die Perspektive zu wechseln.

Nachdem man die Situation und ihre Bestandteile ein wenig ausgewertet hat, fällt eine passende Reaktion leichter. Wenn du erahnst, dass jemand beispielsweise aus Eifersucht gemein zu dir ist, dann kannst du dich leichter darauf einstellen.

Eine konstruktive Problemlösung beinhaltet nahezu immer ein, nun ja, Thematisieren des Problems. Auch wenn es weh tut: Ohne Konfliktlösung bleibt die Beziehungsebene beschissen. Wenn die Beziehungsebene beschissen bleibt, wird weiter beleidigt.

Im Englischen gibt es die schöne Metapher des *elephant in the room*. Der sprichwörtliche Elefant im Raum ist ein unangenehmes Problem beziehungsweise ein Konflikt, den niemand ansprechen mag – obwohl er so groß ist, dass man ihn schlecht ignorieren kann.

Eine konstruktive Lösung dreht sich also um die Frage: Was ist der Elefant im Raum? Und wie kriegen wir ihn, verdammt noch mal, raus – ohne dass er einen von uns zertrampelt?

Jenseits einer *konstruktiven* Reaktion besteht die Möglichkeit, auf eine Beleidigung auch *destruktiv* zu reagieren.

Sprich: Auf eine erhaltene verbale Ohrfeige folgt eine Ohrfeige als Antwort. Oder gleich eine Faust ins Gesicht (bestenfalls metaphorisch).

Destruktive Reaktionen auf eine Beleidigung zielen nicht darauf ab, die Beziehung zwischen den beteiligten Menschen zu verbessern. Die andere Wange hinhalten? Von wegen. Es gilt die Logik des «Wie du mir, so ich dir!». Statt Deeskalation bedeutet eine destruktive Reaktion eine *Reeskalation*.

Doch dass man sich auf einen verbalen Schlagabtausch einlässt, heißt auch, dass man diesen Schlagabtausch *gewinnen* kann. Der soziale Zusammenhang entscheidet über das Geschehen – und ein Schlagabtausch besteht stets aus der Abfolge *wechselseitiger* Schläge. Es ist ein Hin und Her. Auch wenn du nicht angefangen hast. Auch wenn du dich nur verteidigst. Ein richtiger Schlag, und dein Gegner geht k. o.

Schauen wir uns noch einmal den eingangs zitierten Dialog zwischen Winston Churchill und Nancy Astor an.[*]

Nancy Astor: «Wenn Sie mein Gatte wären, ich würde Ihren Kaffee vergiften.»

Winston Churchill: «Nancy, wenn ich Ihr Gatte wäre – ich würde den Kaffee trinken.»

---

[*] Ein Dialog, der einigen Biographen zufolge so niemals stattgefunden hat. Halb so wild. Das Beispiel ist gut, egal ob ausgedacht, falsch zugeschrieben oder exakt so passiert.

Na, wer gewinnt dieses Wortgefecht?

Ganz klar: Es ist Churchill.

Er nimmt Astors Beleidigung auf und feuert sie blitzschnell zurück – und trifft. Die Lacher sind auf seiner Seite. Ein gutgesetzter Konter verändert alles.[*]

Auf jeden Spruch kann ein besserer Spruch folgen.

Einen Schlagabtausch durch cleveres Zurückschlagen zu gewinnen, nennt man auch *Schlagfertigkeit*.

Und die kann man üben.

Wie?

Machen, machen, machen. Schlagfertigkeit gehört zu den Disziplinen, wo die Praxis mehr taugt als die Theorie. Also: Mal einen Spruch riskieren. Gucken, wie man wirkt. Frech sein – ohne dabei unangenehm zu werden.

Schlagfertigkeit ist ein Muskel, den man trainieren kann. Ähnlich wie Humor. Beides hängt ja auch zusammen.

Man wird jedenfalls nicht von einem Tag auf den nächsten wortgewandter. Übung macht den Churchill.

Eine Variante der Schlagfertigkeit kennen wir übrigens alle aus eigener Erfahrung. Es ist der sogenannte Treppenwitz. Der Treppenwitz ist ein Einfall, ein Satz oder ein Spruch, der dir erst dann einfällt, wenn du nicht mehr in der passenden Situation bist. Sprich: zu spät. Wortwörtlich: Während man den Ort schon verlässt, auf der Treppe. Durch Übung hat man bestenfalls weniger Treppenwitze und mehr gute Ansagen noch in der jeweils passenden Situation.

---

[*] Im Englischen spricht man auch von einem Konter als comeback.

Möglicherweise möchtest du dich nach einer Beleidigung aber gar nicht an denjenigen oder diejenige direkt wenden – weder konstruktiv noch mittelfingernd. Grundsätzlich ist das verständlich. Das Leben ist nämlich zu kurz, um sich mit Idioten zu streiten.

So ganz untätig bleiben willst du aber auch nicht.

Was nun?

Reagieren tut oft gut. Du musst allerdings nicht denjenigen adressieren, der dich beleidigt hat. Wie eingangs beschrieben, gibt es noch eine weitere Handlungsoption.

Du kannst *Dritte* kontaktieren.

Auch hier gilt: Du kannst Dritte mit einer *konstruktiven* Haltung kontaktieren – oder mit einer *destruktiven*. Du kannst einerseits versuchen, die Wogen zu glätten, oder andererseits versuchen zurückzuschlagen. Mit der Unterstützung anderer Menschen, das heißt indirekt, «über Bande».

Wer die Wogen glätten will, sollte sich ehrlich gesagt besser direkt bei der Person melden, mit der der Konflikt besteht. Man sollte sich tief in die Augen schauen – oder tief ins Chatfenster – und versuchen, das Kriegsbeil zu begraben, wie man so schön sagt. Das ist vermutlich der direkteste Weg einer konstruktiven Lösung.

Indem man Dritte hinzuzieht, kann man sich Hilfe suchen, weil eine Deeskalation auf persönlicher Ebene nicht geklappt hat.[*]

---

[*] Dritte, die einem besonders gut bei einer konstruktiven Problemlösung helfen können, sind bestenfalls «Leute vom Fach». Es gibt

Oder man möchte gar keine konstruktive Deeskalation. Indem man Dritte involviert, kann man einfach dafür sorgen, dass eine Beleidigung Konsequenzen hat, die sie sonst nicht gehabt hätte. Und zwar: für den Beleidiger.

Dritte hinzurufen bietet sich also auch als eine destruktive Reaktion an. Es kann eine Form der *indirekten Schlagfertigkeit* sein. Was ich damit meine?

Nun.

Wir bewegen uns alle in einer sozialen Welt. Manche Beleidiger vergessen das. Vor allem im Internet.

Du bist also erreichbar im Netz? Schön. Deine Mama, deine Freunde, dein Arbeitgeber und die Polizei sind es aber auch.

«Tattoofrei – Es ist schön, keine Tattoos zu haben» ist ein satirischer Facebook-Account. Der Name ist Programm. Es wird die Tattoolosigkeit verherrlicht und über tätowierte Menschen und Tattoos ordentlich hergezogen (sie seien alle kriminell usw.).[*] Es ist erkennbar Satire. Sollte man zumindest meinen.

---

ausgebildete Mediatoren, die zwischen Streithähnen vermitteln. Paartherapeuten, die, nun ja, Paare therapieren. Streitschlichter aller Art. Das Gute: Diese Leute können helfen. (Kann allerdings etwas Geld kosten.)

[*] Genauer gesagt parodiert dieser Account Allaussagen im Sinne von «Alle X sind Y» satirisch. Nur dass da nicht «Alle Asylbewerber sind kriminell» oder so steht, sondern menschenverachtende Haltungen zum Beispiel mit der noch absurderen Aussage «Alle Tätowierten sind kriminell» veralbert werden. Insofern ist «Tattoofrei» antirassistische Satire. Ernster Hintergrund, tolle Umsetzung.

Da nicht jeder den satirischen Gehalt von «Tattoofrei» erkennt oder erkennen mag, erhält der Betreiber nicht wenige Beleidigungen. Immerhin erfreuen sich Tattoos großer Beliebtheit.

Nach einigen beleidigenden Nachrichten von einem Teenager entschied sich also Reiner, der Admin, das zu tun, was man im Fall frecher Kinder tut: Man wendet sich an die Eltern.

Der Austausch ist folgendermaßen verlaufen und war für ein paar Tage zu Recht der Knaller im deutschsprachigen Netz:

CHAT 1 *(Beleidiger vs. Admin)*

> Hurensohn!!!

> Antoworte feiger bastard
> was fällt dir ein so eine seite zu
> betreiben? deine mutter wurde
> bestimmt von tattoowierten
> gefickt!! dicke eier im internet aber
> im realife kleine was??? mach
> dein testament wenn ich dich finde
> dann schlag ich dich kaputt und
> geb dir nockout!!!!

> Alleine? Du siehst aus wie 16!

> Ich hab genug freunde die hinter
> mir stehen du hats niemand!
> wirst schon sehen …

Dann hol ich mir jetzt auch Verstärkung.

CHAT 2 *(Admin vs. Mutter des Beleidigers)*

Hallo Frau _____,
es geht um ihren Sohn Philipp _____. Sie haben eines seiner Bilder kommentiert, so habe ich ihr Profil gefunden. Er schrieb mir heute eine beleidigende Nachricht mit Androhung von Gewalt. Schreiben Sie mir bitte zurück, da ich sonst gezwungen bin rechtliche Schritte einzuleiten.

Mit freundlichen Grüßen,
Reiner _____

Anbei noch ein Screenshot der Nachricht:
(Screenshot der Originalnachricht samt Uhrzeit und Profilbild)

Hallo, so kenne ich meinen Sohn garnicht. Ich werde gleich mit ihm sprechen, wir können das sicher so lösen. Viele Grüße

Würde mich sehr freuen, es wäre auch schön, wenn ihr Sohn sich bei mir entschuldigen würde. Denn ein solches Verhalten sollte man im Internet nicht an den Tag legen.

Wird er. Dafür werde ich sorgen!!

Wie Reiner selbst schreibt: Er hat die Mutter des vorlauten Philipps vermutlich recht mühelos auf Facebook gefunden – weil Philipp, das kleine Großmaul, offenbar einen eher lockeren Umgang mit seinen Privatsphäre-Einstellungen hat.

Der Austausch ging noch ein wenig weiter: Philipp hat sich tatsächlich kleinlaut entschuldigt und durfte, wie es scheint, leider nicht auf ein Kollegah-Konzert.[*]

Eine soziale Interaktion hat eine ganz neue Wendung genommen, weil jemand Drittes hinzugezogen wurde.

Und zwar deine Mudder. Äh, ich meine, Philipps.

Ähnlich war es bei Emily Sears. Emily ist Model und beruflich viel im Internet unterwegs. «Unterwegs» heißt: erreichbar. Das bedeutet in diesem Fall (wie so vielen): erreichbar für jedes Arschloch. Wobei es im Fall Emily Sears weniger um Arschlöcher geht als um Schwänze. Das Model gehört nämlich zu den vielen Frauen, denen Männer ungefragt Fotos von ihren Penissen zuschicken. Dick Pics, wie man so schön sagt.

Indem man anderen Menschen ungefragt pornographische Aufnahmen von sich schickt, ist man ein regelrechter Multitasker: Es handelt sich gleichzeitig um Beleidigung, Belästigung und um sexuelle Gewalt. Respekt.[**]

Wie reagierte Emily Sears?

---

[*] An dieser Stelle möchte ich aus einem Lied von Kollegah zitieren: «Ihr seid alle Muttersöhnchen, Kid – ich komm und mach deiner Mutter Söhnchen!»

[**] Scherz. Überhaupt keinen Respekt. (Schlappschwanz.)

Tja.

Sie informierte Mütter, Freundinnen oder Ehefrauen. Informierte sie, dass der Sohnemann, der Freund oder der Ehemann in seiner Freizeit ungefragt Fotos von seinem Schniedel an fremde Frauen schickt. Und dass er diese meist mit vulgären Sprüchen und Beleidigungen kombiniert.[36]

Woher Emily die Kontaktdaten hatte?

Es ist ähnlich wie bei den Hatern von Renate Künast und Co. Menschen fühlen sich im Internet anonym – *sind es aber nicht*. Oft benutzen sie ihre ganz normalen Facebook-, Twitter- oder Instagram-Accounts, um wildfremde Menschen zu beschimpfen. Oder, wie in diesem Fall, ihnen ungefragt Nacktbilder zu schicken.

Und da wir alle in der Regel noch andere Dinge (semi-)öffentlich mit unseren sozialen Netzwerken veranstalten, ist es mitunter nicht schwer, dem Absender nahestehende Personen zu identifizieren. Immerhin ist er mit ihnen vernetzt. (Heißt ja auch «Soziale *Netzwerke*» und so.)

Mitunter antwortete Emily auf ein Bild auch mit einem Foto der Mutter oder Ehefrau des Absenders. Autsch.

Man mag sich fragen: Warum andere Leute in die Sache hineinziehen? Die Antwortet lautet im Fall solcher Beleidigungen und Belästigungen: Warum nicht?

Es ist ja nicht so, dass der Aggressor nach den Regeln des *Fair Play* agiert. Warum sollte man sich als vermeintliches Opfer also passiv und stillschweigend verhalten?

Wie im Fall des vorlauten Philipps zieht eine solche Reaktion ganz sicher Konsequenzen nach sich. Die meisten Mütter und Ehefrauen wird es, nun ja, nicht sehr erfreuen zu erfahren, wie ihr Sohn oder Ehemann sich am PC benimmt. Alles unter der fälschlichen Annahme, er würde damit davonkommen, niemand würde es erfahren – und anonym sei man ja sowieso.

Na ja. Falsch gedacht.

Emily ist jedenfalls nicht die Einzige, die dergleichen macht. Und seitdem sie ihre typische Reaktion auf Schwanzbilder publik gemacht hat, schicken ihr weniger Exhibitionisten ungefragt Bilder von ihren Genitalien. Weil es bei Emily heißt: «Schickst du mir dein Schwanzbild, schicke ich es deiner Familie weiter.»

Manche Menschen fallen auf Facebook nicht nur komplett aus der Rolle – nein, sie sind auch noch so schlau, ihren echten Arbeitgeber anzugeben. Beides öffentlich. Da stehen dann Dinge wie «Alle Flüchtlinge gehören vergast» oder «Linke Gutmenschen sind Hurensöhne» oder «AfD-Schweinen die Fresse polieren». Und klickt man auf das Profil, liest man: *arbeitet bei Firma XY.*

Der Dritte, den man hinzuziehen kann, ist in einem solchen Fall auch: der Arbeitgeber. Steht ja da. Freiwillig angegeben.

Bei der Reaktion auf solche Beleidigungen und Volksverhetzungen und andere extreme Inhalte ist es geradezu zum Volkssport geworden, den Arbeitgeber des jeweiligen Großmauls zu unterrichten.

Und zwar mit Beweis.

Ein Tastendruck – und schon hat man einen Screenshot mit dem Kommentar. Selbst im Fall einer Löschung hat man somit etwas gegen den Beleidiger in der Hand.

Dann fix E-Mail aufsetzen im Sinne von: *Hallo, guten Tag, wissen Sie eigentlich, wie extrem und demokratiefeindlich und beleidigend sich Ihr Mitarbeiter Max Mustermann im Internet benimmt? Nein? Wie stimmt das mit den Werten Ihres Unternehmens überein, dass sich Ihre Mitarbeiter auf diese Weise öffentlich äußern? Anbei ein Screenshot als Beweis.*

Die Richtung ist klar. Statt jemanden im privaten Umfeld anzuschwärzen, geht es so ins Berufliche. Man will denjenigen Konsequenzen spüren lassen.

Konsequenzen können in diesem Sinne bedeuten: unangenehme Gespräche, Erklärungsnot, Abmahnungen bis hin zur Kündigung.

Warum Arbeitgeber für solche E-Mails empfänglich sind? Eigentlich klar. Jede Firma will ein gutes Image haben. Keine Firma will mit widerlichen – öffentlichen! – Äußerungen ihrer Mitarbeiter in Verbindung gebracht werden.

Autohersteller wollen Autos verkaufen, Versicherungen wollen Versicherungen abschließen, und Fluglinien wollen Fluggäste. Kurz: Jede Firma wirkt nach außen. Was ein Mitarbeiter tut, kann negativ auf die Firma zurückfallen. Selbst wenn er es privat tut.

Jemanden bei seinem Arbeitgeber zu melden ist eine extreme, destruktive Reaktion auf eine Beleidigung. Sie beinhaltet mehrere Probleme.

Zunächst das moralische Problem des Denunziantentums. Es ist ein Unterschied, ob man einen vorlauten Teenager bei seiner Mutter verpfeift, eine Ehefrau auf ihren penisbildverschickenden Ehemann aufmerksam macht oder ob man einen Menschen beim Arbeitgeber meldet – und billigend in Kauf nimmt, dass er gefeuert wird. Oder genau dies gar beabsichtigt.

Es bleibt die Frage nach dem Nutzen.

Wird sich ein solcher Mensch in Zukunft weniger hasserfüllt äußern? Nach einem destruktiven Eingriff in sein Arbeitsverhältnis?

Dialogbereitschaft wäre sinnvoller. Mit jemandem zu reden, zu versuchen, ihn von seiner Scheißmeinung abzubringen (ohne den Ausdruck «Scheißmeinung» zu verwenden!). Herauszufinden, welcher eigentliche Konflikt hinter einer radikalen Äußerung steht.

«Flammenwerfer währe da die bessere Lösung»

Hetzkommentar eines Azubis eines großen Autohändlers.
Er verlor deswegen 2015 seinen Ausbildungsplatz.
Es ging um den Umgang mit Flüchtlingskindern.

Also: Es ist nicht klar, ob jemandem geholfen ist, wenn aus einem Arschloch ein arbeitsloses Arschloch wird. Weder dem Arschloch noch der Gesellschaft.

In Zukunft wird dieser Mensch vermutlich noch wütender auf «die anderen» sein – im Zweifelsfall genau diejenigen noch mehr hassen, die er schon vorher gehasst hat (Zuwanderer, Juden, Linke, Rechte – egal welche Gruppe).

Aber vor allem: Der Arbeitgeber ist nicht zuständig. Er ist ja lediglich der «wunde Punkt» des Beleidigers.

Zuständig ist die Polizei.

Wenn sich jemand wirklich volksverhetzend oder stark beleidigend im Internet äußert: bei der Polizei anzeigen. Die sind der Ansprechpartner dafür. Screenshot machen und wegen Beleidigung oder Volksverhetzung anzeigen.

Das kann auf empfindliche Geldstrafen hinauslaufen – und dem Beleidiger eine Lektion erteilen.

Kurz: Wenn du selber ein Arschloch sein willst, melde das Beleidigerarschloch beim Arbeitgeber – und schau, was passiert. Wenn du jemand sein willst, der einfach aktiv werden will: Geh zur Polizei. Hol dir dort Hilfe. Polizei und Staatsanwaltschaft kümmern sich nicht nur um krasse Beleidigungen, die die Meinungsfreiheit überschreiten, nein: Es ist ihr Job, in solchen Fällen zu ermitteln.

Auch wenn sich der Gedanke im ersten Moment gut anfühlt, dass zum Beispiel ein Rassist wegen einer einfachen E-Mail seinen Arbeitsplatz verliert, so ist diese kurzfristige Genugtuung vermutlich weniger wünschenswert als die langfristigen, auch gesellschaftlichen Folgen.

Großmäuler und Internetnazis also lieber der Staatsanwaltschaft melden. Das geht auch bequem von daheim. Man muss es nur wollen.

Du musst nicht alleine aktiv werden. Du kannst dir auch Gleichgesinnte suchen, Unterstützer. Leute, die mit dir handeln.

Beim Reagieren auf Beleidigungen kann man sehr kreativ vorgehen.

Ein Beispiel hierfür sind die Gründer von *Hate Poetry*.[37] Hate Poetry war eine Lesereihe deutscher Journalisten mit Migrationshintergrund, die aus den gegen sie gerichteten rassistischen Hassmails Abendveranstaltungen machten.

Die Texte wurden wie bei einer Lesung vorgetragen. Nur dass es keine unterhaltsamen, erzählerischen oder poetischen Texte waren. In erster Linie ging es nämlich um Hassrede. Gröbste Beleidigungen, die sich auf Herkunft, Name, Aussehen oder Religion beziehen.

*Gehen Sie doch zurück
nach Fickdeppenarschland,
wo Sie herkommen!*

Dadurch, dass man die Texte vor Publikum ausstellt und ausspricht, wird der darin enthaltene Hass zumindest ein Stück weit entzaubert. Und auch lächerlich gemacht.

Und die von den Beleidigungen Betroffenen werden dadurch aktiv. Machen was. Reagieren. Zur allgemeinen Entlastung und Belustigung.

Und überhaupt muss man sich das mal vorstellen: Einige wenige Menschen erhalten derart viele beleidigende

E-Mails, dass sie daraus abendfüllende Lesungen machen können. What the fuck?

Im Fall von Hate Poetry geht es jedenfalls um Macht und Ohnmacht. Um aktiv sein versus passiv sein. Die Betroffenen treten einen Schritt aus der Ohnmacht heraus.

Die negative Energie, die sich eigentlich gezielt gegen eine Einzelperson richtet, wird von der ganzen Gruppe und dem Publikum gemeinsam geschultert.

So ein gemeinsames Aktivwerden hat etwas Er-Mächtigendes. Die Hate-Poetry-Veranstalter (und ihr Publikum) teilen die Erfahrung und das Leid, Zielobjekte massenhafter Hasstiraden zu sein. Die gemeinsame Haltung ist solidarisch und erhebt den Einzelnen aus seiner zuvor erniedrigten Position empor.

Hate-Poetry-Beleidigungen sind somit kurzzeitig sinnstiftend für die Betroffenen – und für die Gruppe. Wo für Trump-Fans und andere Schandmaul-Bewunderer gilt: «Das ist einer von uns», gilt hier das Gegenteil. Nicht die Beleidigung selbst ist sinnstiftend, sondern die ablehnende Haltung ihr gegenüber.

Es ist ein Aktivwerden der besonderen Art.

Der Machtverlust, den solche Beleidigungen schlimmstenfalls bewirken können, wird so abgeblockt. Danach hat man wieder mehr Energie, sich seinem Job zu widmen. Und somit der Gefahr auszusetzen, dass diese Mails weiterhin kommen können. Denn ohne Öffentlichkeit zu arbeiten geht nicht als Journalist, geht nicht als Politiker, geht nicht als Schriftsteller oder als Künstler. Während ein Großteil der Menschen, die man erreicht, eher der sprichwörtliche Segen als Fluch sind, so gibt es doch immer mehr als genug, die, nun ja, vor allem: fluchen. Und: hassen.

Hate Poetry ist deshalb ein schöner, aktiver Umgang mit solchen Menschen und ihren beleidigenden Tiraden. Anstatt zurückzuhassen und sich somit selbst auf das niedrigste Niveau herabzulassen, wird der beleidigende Schwachsinn in etwas Positives transformiert. Nämlich in ein Gemeinschaftsgefühl und einen bestenfalls unterhaltsamen Abend – trotz der nicht zu leugnenden Ernsthaftigkeit des Themas und des gesellschaftlichen Hintergrunds. Der lautet nämlich: Rassismus, Sexismus und Hass.

Die Hate-Poetry-Macher haben sich im kleinen Kreis versammelt – und sind so an die Öffentlichkeit getreten.

Man kann sich allerdings auch im größeren Rahmen versammeln und etwas gegen Beleidigungen, Hass und Hetze tun. Das geht im Internetzeitalter besser denn je. Das Internet ist nämlich vor allem eins: ein Versammlungsort.

Es ist also nur konsequent, dass sich nicht nur Maulhelden versammeln – sondern auch Leute, die *gegen* Beleidigungen sind. So effektiv wie Hassgruppen sich vernetzen, tun es heutzutage auch diejenigen, die sich den Hassern entgegenstellen. Ein gutes Beispiel hierfür ist die #ichbinhier-Bewegung.

Bei #ichbinhier handelt es sich um eine Gruppe von Aktivisten, die den immer brutaler gewordenen Umgang in Facebook-Kommentarspalten entschärfen. Die Gruppe hat viele tausend Mitglieder. Ziel ist eine verbesserte Diskussionskultur in den sozialen Medien.

Wie sie dabei vorgehen?

Mit Sachlichkeit und Höflichkeit. Die Beiträge der #ichbinhier-Mitglieder zeichnen sich in der Regel dadurch aus, dass sie intelligent und sachbezogen formuliert sind. Sie lassen sich nicht auf das Niveau der Schreihälse und Wutbürger herab. Im Gegenteil: Die Beiträge sind oft wohlüberlegt, nüchtern und mit Belegen versehen. Es geht ihnen darum, eine bessere Diskussionsgrundlage für einen demokratischen und höflichen Meinungsaustausch zu schaffen.

> «Herzlich Willkommen bei #ichbinhier!
>
> WIR SIND
>
> eine überparteiliche Aktionsgruppe für eine bessere Diskussionskultur und gegen Hetze in den Sozialen Medien.
>
> WIR GLAUBEN
>
> dass Fakten, Mut und Freundlichkeit stärker sind als Gerüchte, Angst und Hass. Und dass jede einzelne positive Stimme das Klima besser macht. Viele positive Stimmen erst recht!»
>
> *Auszug aus der Selbstbeschreibung der Aktivistengruppe*

#ichbinhier ist also kollektiv organisierte Gegenrede. Es werden Postings ausfindig gemacht, wo die Nutzerdiskussion gerade besonders ausartet. Artikel, unter denen Emotionen hochkochen – und es hässlich wird. Oft geht es um Terror, Gewalt, Fremdenfeindlichkeit. Die Themen eben, bei denen der deutsche Michel zum Wutmichel wird.

#ichbinhier wirkt in solchen erhitzten Kommentarspalten ganz bewusst als Gegengewicht.

Jeder, der Hass, Beleidigungen und verbaler Gewalt weniger Raum geben möchte, kann sich der Bewegung anschließen.

Es wird also weniger auf punktuelle Beleidigungen gegen Einzelpersonen reagiert als auf einen allgemeinen Tonfall. Immer dort, wo es zur Sache geht. Dort, wo die Sachebene längst kollektiv verlassen wurde. Dort, wo gegen Ausländer und «Gutmenschen» gehetzt wird. Dort, wo der Mob tobt.

Das Muster ist immer ähnlich.

Mitglieder von der Gruppe #ichbinhier fragen sich:

Worum geht es?

Wie können wir deeskalieren?

Sachlichkeit und Höflichkeit sind dabei das A und O.

Erst wird evaluiert, dann wird gehandelt. Auf demokratische und anständige Art und Weise.

Von den Beleidigern, die die Kommentarspalten zuvor gekapert hatten, hagelt es mitunter Spott. Sie machen sich lustig über die Versuche der Deeskalation. Die Wutbürger wollen keine Spielverderber, die ihnen einen Spiegel vorhalten.

Daran sieht man schön, worum es geht. Manche Menschen beleidigen und hetzen, weil sie ihr eigenes Weltbild bedroht sehen oder es mit (verbaler) Gewalt propagieren wollen. Sie wollen Menschen gegeneinander aufbringen. Menschen, die auf ihrer Seite stehen, sollen gegen jene wettern, die auf der anderen Seite stehen. Vielen Facebook-Hatern geht es exakt darum: um das *Spalten*.

Bist du nicht meiner (politischen) Meinung, wirst du beleidigt.

Insofern ärgert sie das Auftreten der #ichbinhier-Mitglieder. Denn diese wollen nicht spalten. Im Gegenteil. Sie wollen, dass Menschen wieder in einem vernünftigen und sachorientieren Ton miteinander reden. Auf demokratische Art und Weise – ohne Beleidigungen.

Für diese Bemühungen der Deeskalation hagelt es daher oft selbst Beleidigungen. Weil diese kollektive Gegenrede stört. Sie stört die Schreihälse und Aufwiegler beim Anheizen einer unsachlichen, hässlichen Debatte.

Meistens haben solche Eingriffe trotzdem eine halbwegs zivilisierende Wirkung. Das Auftreten von #ichbinhier-Mitgliedern führt nämlich vor Augen, dass es auch anders geht. Oft zeigen sie, dass man gute, differenzierte Beiträge verfassen kann – wenn man sich nur ein paar Minuten mehr Zeit nimmt, sich der Sache widmet (nicht seinen Gefühlen) und sich nicht im Tonfall vergreift.

Allein dass es die Aktivistengruppe gibt, ist ein starkes Statement. Tausende Menschen schließen sich zusammen, um etwas zu bewegen. Um den Diskurs zu re-zivilisieren.

Das hat auch eine diagnostische Funktion: Das Engagement dieser Aktivisten bringt zum Ausdruck, dass Handlungsbedarf besteht. Ihr deeskalierendes Handeln verkörpert die Botschaft: So, wie es bisher ist, kann es auf Dauer nicht weitergehen.

Das sagt einiges über das Verhältnis von Respekt und Beleidigung in den sozialen Netzwerken aus. Viele Menschen haben auf eine immer gewalttätigere Wortwahl keinen Bock mehr.

Die #ichbinhier-Gegner sagen übrigens oft so etwas wie: «Wenn die Leute beleidigen und vor Wut schäumen, dann hat das doch seine Gründe. Dann kann man doch nicht kommen und sagen: Mäßige dich! Man muss sich den Problemen widmen und nicht der Art und Weise, wie über die Probleme geredet wird!»

Darauf möchte ich antworten: Nö.

Beziehungsweise: Jein.

Man muss nämlich meiner Meinung nach beides tun: Probleme und Ursachen für Probleme ansprechen, aber auf *vernünftige Art und Weise*. Niemandem ist geholfen, wenn Uschi und Horst im Internet ausflippen. Kein einziges Problem wird gelöst, wenn Hunderte Uschis und Horste zum Beispiel in Facebook-Kommentarspalten ihre fremdenfeindlichen Vorurteile abfeiern.

Kein Konflikt wird gelöst, wenn ein wütender Mob sich in Rage redet.

Im Gegenteil: Es entstehen neue Konflikte.

#ichbinhier-Aktivisten wollen durch ihre Beiträge den Mob zivilisieren und somit die Rückkehr zu einem anständigen Miteinander erleichtern.

Insofern ist es richtig, einen *höflichen* und dazu noch

sachgerechten Umgangston zu fordern. *Wie* über ein Problem gesprochen wird, beeinflusst die Wahrnehmung des Problems. Das Wie beeinflusst das Was.

Wenn alle schreien, versteht keiner mehr den anderen.

Insofern vertreten die #ichbinhier-Aktivisten die wertvollere Position. Die Wutbürger und die Das-wird-man-doch-wohl-noch-sagen-Dürfer tun nämlich vor allem das: wüten und sagen. Was sie nicht tun: mit den anderen (vernünftig) reden.

Deswegen: *Ein* kühler Kopf ist begrüßenswert. *Viele* kühle Köpfe: noch besser.

So funktioniert Dialog, so funktioniert Demokratie.

DER ABSTIEG VOM AUFSTIEG
DES MITTELFINGERS:
EIN FINALES FICKDICH

Beleidigungen ... ein wirklich krasses Thema.

Alles hängt auf komplizierte Weise zusammen. Was du sagst, bestimmt, wie deine Mitmenschen auf dich reagieren. Was dann folgt, hängt wiederum vom weiteren Geschehen ab. Gesellschaft ist eine komplizierte Kettenreaktion.

Und in jeder Gesellschaft gibt es Großmäuler. Arschlöcher.

Grundlage unseres freien Miteinanders ist die Meinungsfreiheit. Die ist zwar nicht absolut frei, aber freier als jetzt wurde in der Menschheitsgeschichte bisher nicht gesprochen. Die Demokratie meint es gut mit uns.

Wem man den Mittelfinger zeigt und wem nicht, das ist auch eine Frage der Weltanschauung. Es gibt eine erstaunliche Verbindung zwischen Philosophie und Fickdich.

Bewusste Beleidigungen sind vermeidbar. Aber anscheinend gehört das Kränken zum Menschen dazu. So grundsätzlich. Wo wir Menschen aufeinandertreffen, lassen sich Beleidigungen nicht komplett vermeiden. Was beleidigend wirkt und was nicht, das liegt wiederum nur teilweise bei mir selber. Teilweise liegt es bei den anderen. Uns gibt es jedenfalls nur in Gesellschaft. Und was als Beleidigung gilt und was nicht – das entscheiden wir deswegen nicht allein, sondern im sozialen Zusammenhang, gemeinsam mit den Mitmenschen. Wir sind Sandkörner am sozialen Strand. Einem ziemlich großen Strand.

Keine Minute vergeht, ohne dass ein Mensch einem anderen absichtlich auf den Sack geht. Auf den metaphorischen Sack, versteht sich. Beleidigungen gibt es unabhängig von Geschlecht und Herkunft.

Wir alle kennen das Gefühl der Erniedrigung. Wissen, wie es ist, ausgelacht zu werden. Opfer zu sein. Mit allem, was dazugehört. Erhöhter Puls. Wut im Bauch.

Und andersherum. Wir alle haben schon mal ausgeteilt. Ganz bewusst etwas Unfaires gesagt. Verletzt. Einen Mitmenschen mit Worten mehr oder minder fertiggemacht. Es anschließend bereut – oder auch nicht.

Beleidigen ist ein zweischneidiges Schwert. Mal teilt man aus, mal steckt man ein, mal schneidet man sich ins eigene Fleisch. Was passiert, hängt ab von Personen, Handlungen und Situationen. Von uns – und vom Drumherum.

Die Beleidigung jedenfalls gibt es nicht. Zumindest nicht in der *einen* Form.

Trotzdem erkennen wir sie. Es ist in der Regel keine große Denkleistung nötig, um eine Respektlosigkeit zu verstehen. Verstehen? Mehr noch: Wir fühlen Beleidigungen. Sie tun weh. Beleidigt werden hat eine körperliche Ebene. Wörter können zustechen. Verletzen.

Beleidigt werden fühlt sich … nun ja … scheiße an.

Aber zum Glück besteht das Leben nicht nur aus Unannehmlichkeiten.

Was ist das Gegenteil einer Beleidigung?

Es ist (Trommelwirbel): der Respekt.

So kommen wir von einer schwierigen Frage zur nächsten, denn: Was zur Hölle ist Respekt?

Für Respekt gilt genau das, was für Beleidigungen gilt – nur mit umgekehrtem Vorzeichen. Es fühlt sich gut an, respektiert zu werden. Ich spüre, dass es zwischen uns stimmt. Wir merken es, wenn wir einander gut behandeln. Aus dem Bauch heraus, ohne groß zu überlegen.

Respekt ist Wertschätzung. Wertschätzung der Grenzen des anderen. Wechselseitig. Weil eine Beleidigung eine Grenzüberschreitung ist, ist Respekt die Achtung vor den Grenzen meiner Mitmenschen.

Man muss kein Proktologe sein, um ein Arschloch zu erkennen.

Klingt kompliziert? Ist es nicht. Die Grundformel lautet: Wie du mir, so ich dir!*

Achtung und Missachtung sind zwei Seiten derselben Münze. Beides hat in der Regel mit Sprache zu tun – und dem sozialen Zusammenhang, in dem diese Sprache stattfindet. Das ist im Grunde sogar untrennbar. Sprache und Zusammenhang. Bedeutung und Kontext. Es wird immer

---

* Oder wie Kant es etwas kategorischer sagte: «Handle nur nach derjenigen Maxime, durch die du zugleich wollen kannst, dass sie ein allgemeines Gesetz werde.»

und ausschließlich «in Situationen» gesprochen. Und diese Situationen tragen wesentlich dazu bei, dass wir überhaupt verstehen, was passiert.

Was für Sprache allgemein gilt, gilt auch für Beleidigungen. Es kommt nicht nur darauf an, was gesagt wird, sondern auch darauf, wer es sagt. Und wie. In welchem sozialen Kontext. So kann ein «Hampelmann» gegenüber einem Polizisten im Rahmen einer Verkehrskontrolle schnell zu einer Geldstrafe wegen Beleidigung führen, während ein «Hurensohn» im Rahmen eines Rapliedes oder einer Satirefernsehsendung komplett ungestraft bleibt. Weil der Gesamtzusammenhang wichtiger ist als die Wortwahl. Diese Tatsache wird zu oft ignoriert.

Es geht immer irgendwie um die sozialen Räume, in denen wir uns bewegen. Insofern heißt Respekt auch: «sich in der jeweiligen Situation respektieren». Dasselbe gilt fürs Beleidigen. Es zählt jeweils weniger das Abstrakte als das Konkrete. Wertschätzung und Geringschätzung sind situative Beziehungen zwischen Menschen. Sinn entsteht im Kleinen.

Sich respektieren heißt vor allem: aufeinander aufpassen. Im doppelten Sinne. Aufpassen heißt einerseits: «aufmerksam sein». Zuhören, was der andere zu sagen hat. Darüber hinaus heißt es: «Rücksicht nehmen». Einander keinen Schaden zufügen. Denn das ist die Beleidigung ja. Ein Schaden.

Da wir keine Gedanken lesen können, zeigt sich der Respekt voreinander in unseren Handlungen. Auch Sprachhandlungen. Es geht immer um *gelebte* Höflichkeit. Verwirklichte Wertschätzung. Um das, was man tut.

Da wir keine Gedanken lesen können, reden wir miteinander. Tauschen Meinungen aus. Bestenfalls auf Augenhöhe.

Wer mehr Miteinander als Gegeneinander will, muss sich auch mal in seine Mitmenschen hineindenken. Stichwort Perspektivwechsel. Mitgefühl. Eine halbwegs friedliche Gesellschaft lebt von der Toleranz und der Akzeptanz vor dem Leben des anderen – inklusive seiner Meinungen! Aber Meinungsfreiheit ist nicht Mittelfingerfreiheit.

Die Beleidigung ist der Entzug all jener Dinge. Sie ist die Nichthöflichkeit, die Nichtakzeptanz, die Nichtdiplomatie. Das muss auch alles möglich sein, aber nicht die Regel. Klar, wir können einander beleidigen. Ob im Internet oder im Wohnzimmer, am Arbeitsplatz oder im Urlaub. Natürlich geht das.

Aber es geht nicht lange gut. Die Dosis macht das Gift.

Auf manche Menschen sind wir angewiesen. Andere haben wir gern. Mit vielen von ihnen werden wir auch in Zukunft noch zu tun haben. Mit manchen sogar: zu tun haben müssen. In der Regel verschwindet niemand nach einer Beleidigung, nach einem Konflikt.

Klar, wir können Freundschaften kündigen, Beziehungen beenden und dem Chef sagen, dass er sich ins Knie ficken soll. Grundsätzlich geht das. Aber es ist nicht grundsätzlich ratsam. Die Welt ist danach nicht unbedingt besser. Vor allem: So ein Verhalten wird auf Dauer schwierig. Es ist besser, sich an dem zu orientieren, was auf Dauer funktioniert.

Die Diplomatie ist besser als der Konflikt.

Denn Beleidigungen sind nicht die Basis unseres Miteinanders, sondern unseres Gegeneinanders. Deswegen sind Höflichkeit und Nichtbeleidigung so wichtig. Weil wir uns sonst irgendwann gegenseitig die Köpfe einschlagen. Wie im Eingangszitat beschrieben: Der erste Mensch, der beleidigte, anstatt seinem Gegenüber wortlos den Schädel einzuschlagen, legte damit den Grundstein der Zivilisation. Aber auch Grundsteine können wackeln. Rückfälle sind möglich. Wenn böse Worte fallen, ist die Gewalt nicht wirklich weit. Manchmal lauert sie schon quasi um die Ecke. Nicht jede Beleidigung führt zu Mord und Totschlag – aber Mord und Totschlag haben nicht selten Beleidigungen als Vorspiel.

Deswegen ist Respekt wichtig. Überlebenswichtig.

Das gilt sogar für die von manchen so verhasste politische Korrektheit. Weil es die nämlich eigentlich gar nicht gibt. Politische Korrektheit ist einfach ein vorbelasteter Ausdruck für: anständig sein. Respekt haben. Mitmenschen als Mitmenschen behandeln – und nicht als Gegner. Es gibt keinen Maulkorb, den «die Eliten» dem «kleinen Mann» verpassen wollen. Keine Zensur eigentlich legitimer Meinung. Eine vernünftige Variante politischer Korrektheit ist schlicht und einfach ein korrekter Umgang. Sprachliche Rücksichtnahme. Ein Sozialverhalten, das auch bekannt ist als «Manieren». Wer das nicht einsehen will, braucht vielleicht wirklich einen Maulkorb. Den kriegen bissige Hunde nämlich. Zum Schutz der Mitmenschen.

Übrigens lebt man politische Korrektheit, als Variante der ganz normalen Höflichkeit, ebenfalls im ganz normalen Leben aus. In Situationen. Es geht nicht um einen abstrakten Regelkatalog, was man sagen darf und was nicht. Es geht darum, dass Menschen in ganz konkreten Situationen mehr Wertschätzung spüren lassen als Abneigung. Dass sie mehr reden als spucken.

Kein-Arschloch-Sein ist keine Zensur der Meinungsfreiheit.

Was sind also die Grenzen des Sagbaren? Wann wird man zum Arschloch?

Schwer zu sagen. Also: schwer abstrakt zu sagen. Doch die Abstraktionsebene ist vielleicht weniger wichtig als die tatsächliche Lebenswirklichkeit. Das, was passiert, wenn Menschen aufeinandertreffen.

Rücksicht ist jedenfalls wichtig. Aber keine *falsche* Rücksicht. Natürlich darf man Probleme sachlich thematisieren. Schwierigkeiten besprechen. Dinge beim Namen nennen. Auch mal in unhöflicher Sprache. Aber grundsätzlich gilt: Wende dich gegen Meinungen und Argumente. Nicht gegen Menschen! Wer «die Dinge beim Namen nennen» möchte, den möchte ich wiederum erinnern: Menschen sind keine Dinge, und die passenden Namen sind nicht «Neger», «Nazi», «Schwuchtel», «Fotze» oder «Gutmensch».

Beim Sprechen über heikle Angelegenheiten stellt sich die Frage, *wie* wir es tun. Das ist die Kernfrage des Miteinanderredens. Das Wesen des Respekts. Es geht weniger um das Was als um das Wie.

Respekt (und politische Korrektheit) ist nicht gleichbedeutend mit falscher Rücksicht, nicht dasselbe wie sinnlose Tabus. Im Gegenteil.

Respekt ist nicht mehr und nicht weniger als die Grundlage für Sachlichkeit.

Man muss nicht päpstlicher sein als der Papst.

Aber rücksichtsvoll sein heißt auch, vielleicht mal ein Auge zuzudrücken, wenn mein Gegenüber mal kurz nicht ganz so rücksichtsvoll ist. Es ist ratsam, nicht bei jeder Kleinigkeit auszuflippen. Nur weil jemand den berühmten ersten Stein wirft, muss das nicht heißen, dass die Steinschlacht somit eröffnet ist. Und erst dann endet, wenn keine Steine mehr griffbereit sind.

Das sachliche und höfliche Sprechen ist ein beidseitiger Balanceakt. Für beide Diskutanten gilt: Nicht unnötig grob und respektlos auftreten, sodass es die Gesprächsatmosphäre vergiftet; nicht überempfindlich auf das Verletztwerden warten.*

Die Sachebene steht im Vordergrund, nicht die Beziehungsebene. Anstand und Respekt sollten die Grundlage für ein gelungenes Sachgespräch bilden.

Höflichkeit und politische Korrektheit haben funktio-

---

* Das ist politische Korrektheit nämlich nicht: überempfindlich auf das Verletztwerden warten. Respekt einfordern und selber respektvoll sein ist etwas anderes als Empörungsgeilheit.

nale Rollen. Sie ermöglichen den möglichst reibungslosen Umgang zwischen Menschen. Sie sind Wegbereiter des thematischen Gesprächs. Die Sachebene steht im Vordergrund, aber die Basis hierfür ist eine Beziehungsebene frei von Beleidigung, Hass und Verachtung.

Insofern sind Anstand, Höflichkeit und politische Korrektheit lediglich verschiedene Erscheinungsformen des Respekts. Sie haben keinen Selbstzweck. Es geht nicht um moralische Erhöhung. Ihre Rolle ist wie gesagt funktional oder, wenn man so will, regulativ. Grundregeln des sozialen Miteinanders sorgen dafür, dass wir uns nicht andauernd gegenseitig aufs Maul hauen.

Ich kann besser inhaltlich mit dir reden, wenn du dich dabei nicht benimmst wie das allergrößte Arschloch.

Höflichkeit und Respekt sind also freiwillige Selbstkontrolle. Man kontrolliert sein Verhalten freiwillig, sodass man möglichst wenig beleidigt – und möglichst sinnvoll miteinander redet. Frei von unnötigen Ablenkungen auf der Beziehungsebene.

Auf seine Sprache zu achten ist eine Gesprächshilfe. Man muss nicht jeden Scheiß sagen, der einem in den Sinn kommt. Manchmal ist Schweigen tatsächlich Gold.

Bei einem respektvollen Umgang kommt es jedenfalls nicht darauf an, unangenehme Wahrheiten zu vertuschen. Ihre Aussprache zu verhindern. Im Gegenteil: Ihre Aussprache soll erleichtert werden. Ohne Beleidigungen können wir störungsfrei reden. Wir verstehen uns besser, wenn niemand schreit.

Was soll das überhaupt sein, «Wahrheiten»? Die Verfechter der Pseudomeinungsfreiheit (lies: der Respektlosigkeit) haben ja angeblich vor allem eins im Sinn: die Wahrheit. Die Realität. Was auch immer. Schnell erklären Wutbürger andere Menschen für «Realitätsverweigerer», nur weil sie ihre Meinung nicht teilen. Weil sie widersprechen. Dabei sind Wahrheit und Realität doch das eigentliche Thema der Debatte. Das, was ist. Darüber reden wir ja. Wie die Wirklichkeit ist, ist nicht Gesprächsgrundlage, sondern Gesprächsgegenstand! Die Vorstellung, dass es glasklare Gegebenheiten gibt, die manche Menschen halt erkennen und manche «verweigern» – diese Haltung ist bestenfalls dümmlich-naiv und schlimmstenfalls manipulativ. Was der eine für wahr hält, stellt der nächste in Frage. Bestenfalls nicht einfach so, sondern argumentativ. Was uns als wahr erscheint und was nicht, *darüber müssen wir reden*. Deswegen ist der Dialog wichtig. Deswegen sind Beleidigungen schädlich, wenn man ernsthaft Themen besprechen will. Man kommt kaum inhaltlich zur Sache, wenn man sich «Realitätsverweigerer», «Nazi» oder «Gutmensch» nennt. Nur so als Beispiele.

Diese Zurückhaltung fällt einigen offenbar schwer. Am Ende des zweiten Jahrzehnts des dritten Jahrtausends gibt es nicht nur mehr Großmäuler und Blödmänner denn je – die Großmäuler und Blödmänner sind auch noch irre stolz auf ihr Gelaber. Das ist die Neue Unverschämtheit. Das große Maul des kleinen Mannes. Der Aufstieg des Mittelfingers.

Im Internet multiplizieren sich die Grobheiten. Wollen wir das? Wie können wir dagegenhalten?

Eine Gesellschaft, die sich immer weiter sprachlich radikalisiert, hat nämlich tatsächlich ein Problem. Ein außersprachliches Problem. Weil sich durch Beleidigungen, Hass und Hetze nicht lediglich irgendeine Tonlage verschärft. Es sind echte Menschen, die sich auf diese Weise voneinander entfernen. Sich beleidigend – und beleidigt – voneinander distanzieren. Wie in einer maroden Ehe wollen sich die einen von den anderen trennen. Das Problem: Das geht aber nicht wirklich in einer Gemeinschaft. Irgendwie müssen wir alle miteinander klarkommen, am besten ohne Hass und Hinterlist.

Die neue Großmäuligkeit kann zu einem großen Problem werden. Gesamtgesellschaftlich. Wie gesagt: «Gibt es zu wenig Streit, schläft die Demokratie ein. Gibt es zu viel Streit, zerreißt sie.»

Es ist tatsächlich wie in einer Ehe: Wir dürfen uns ja streiten. Aber bestenfalls nicht bis der Streit zur Vorstufe von Mord und Totschlag wird.

Erst gehen die [rechten] Parolen spazieren,
und dann geht irgendwann auch
ein Messer spazieren

Dieses Zitat von Herta Müller
zitierte die Politikerin Henriette Reker.
Sie hat einen extremistischen Mordanschlag
nur knapp überlebt

In einer Demokratie muss man demokratisch miteinander umgehen. Da verläuft nämlich die eigentlich wichtige Trennlinie: zwischen Demokraten und Antidemokraten. Diese Trennlinie ist für eine Demokratie als Gemeinschaft wichtiger als die zwischen «Beleidigern» und «Nichtbeleidigern». Es kommt weniger darauf an, ob jemand mal kurz die Fassung verliert. Grob wird. Ausrastet. Gefährlich für eine Gesellschaft sind diejenigen, die gezielt beleidigen, um ihre antidemokratischen Absichten zu verfolgen. Um Menschen voneinander zu spalten. Mit Hass und Hetze. Denn wenn Menschen sich voneinander spalten, reden sie nicht mehr miteinander. Schlimmstenfalls nimmt man «die anderen» sogar als Feinde war. Und warum sollte man mit seinen Feinden sprechen?

Demokratisch sein heißt nämlich in erster Linie genau das: gesprächsbereit sein. Im Dialog bleiben. Natürlich auch verschiedener Meinung sein. Aber es geht immer um Meinungen und Sachdialoge, niemals um das Ablehnen von Menschen. Wir sollten nicht nur mit unseren Freunden und Gleichgesinnten reden, sondern auch mit «den anderen». Wer die anderen sind, hängt davon ab, wer ich selbst bin. «Die anderen» sind jene, die nicht der Gruppe angehören, der ich angehöre. Ob ich nun rechts oder links bin, jung oder alt, religiös oder atheistisch. Wichtig ist die Dialogbereitschaft – egal wie dumm oder provokant sich Leute benehmen, besonders im Internet. Immer wieder muss man es versuchen.

Wenn es ein Gegenteil von «Dialog» gibt, dann ist es

vielleicht nicht «Schweigen», sondern «Gewalt». Die körperliche Gewalt. Irgendwo hört das Reden auf und – um direkt drastisch zu werden – das Morden beginnt. Wo Blut fließt, haben Worte Vorarbeit geleistet. Erst gehen die Parolen spazieren, dann die Messer. Anders formuliert: Solange man miteinander spricht, schießt man nicht aufeinander.

Worte sind gefährlich.

Wenn «rapefugees» Frauen und Kinder bedrohen, muss man da nicht etwas tun? Wenn unsere Volksvertreter zu «Volksverrätern» werden, muss man ihren Verrat nicht bestrafen? Müssen wir nicht einschreiten, wenn «Nazis» in Landtagsparlamente einziehen?

Hat der Hass einen Kopf erst im Griff, ist es nicht unbedingt weit bis zur Gewalt. Es gibt ja «gute Gründe». Das ist zwar vereinfacht dargestellt, aber in etwa so läuft Radikalisierung ab.

So ähnlich war es auch bei Anders Behring Breivik. In seiner verdrehten Weltsicht tat er seinem Land gar einen Gefallen, indem er die nachwachsende Generation der «Multikulturalisten» und «Globalisten» tötete. Für die meisten Menschen ist hingegen klar: Breivik wurde zum Massenmörder, indem er eine Bombe zündete und Dutzende Kinder erschoss.

Beleidigungen und Hass sind ein wichtiger Teil der antidemokratischen Scheinlogik des Extremismus. Wo Beleidigungen zu Hass werden, tritt die Mitmenschlichkeit in den Hintergrund. Begriffe, Gedanken, Konzepte können Menschen radikalisieren.

Können zu Taten animieren.

Also kann es nicht egal sein, welche Wörter man wie benutzt. Welche wir im öffentlichen Diskurs etablieren oder tolerieren. Es muss rote Linien geben. Meinungsfreiheit hin oder her. Die Meinungsfreiheit hat wie gesagt ihre Grenzen – es ist auch gut, dass es irgendwo Grenzen gibt. Weil geistige Brandstifter existieren, die nur auf eine passende Gelegenheit warten, um zu zündeln. Es gibt politische Manipulatoren, die nur darauf hoffen, dass Gruppe X ihren Hass auf Gruppe Y steigert. Weil diese Entwicklung ihrem Weltbild entspricht. Sei dieses Weltbild nun rechtsextremistisch, islamistisch, verschwörungstheoretisch oder auf andere Weise radikal und antidemokratisch. Dass Menschengruppen sich als Feinde gegenüberstehen, ist für alle Aufwiegler wichtig. «Wir» gegen «die».

Beleidigungen sind deshalb ein wichtiger Teil ihres Repertoires. Weil Beleidigungsgemeinschaften oft Wertegemeinschaften sind. Indem Beleidigungen die einen von den anderen trennen, werden sie für die Gruppe der Beleidiger sinnstiftend. Du bist nicht wie ich, «die da» sind nicht so «wie wir». Wir unterscheiden uns von jenen, die wir beleidigen.[*]

Provokateure wollen, dass wir so denken. Populisten wollen, dass wir die einfachen Antworten schlucken, die sie uns vorsetzen. Dass wir ihr Schwarz-Weiß-Denken übernehmen.

[*]   Hoffen wir zumindest.

227

Die tatsächliche Hetze, das Diffamieren und Beleidigen von Menschen und Menschengruppen, ist das A und O jeder Radikalisierung. Ob es jetzt die «Ungläubigen» sind, die «Eliten», die «Gutmenschen» oder die «Wutbürger». Der Mechanismus ist derselbe. Immer werden Menschengruppen undifferenziert abgewertet. Pauschalurteile verbreitet. Das ist problematisch!

Es hat also durchaus eine gesellschaftliche Relevanz, Sprache nicht vollends eskalieren zu lassen. Wer so sehr beleidigt, dass er andere durch Beleidigungen entmenschlicht, nimmt billigend in Kauf, dass die Beleidigten weniger (mit)menschlich behandelt werden.

Zuerst die Parolen, dann die Messer.

Gefährlich.

Es darf uns also nicht egal sein, wenn sich die Sprache radikalisiert. Weil das bedeutet, dass sich Menschen radikalisieren.

Vielleicht hilft uns ein Gedankenexperiment, um zu sehen, warum. Stellen wir uns zwei Gesellschaften vor, die absolut gegensätzlich sind in Bezug auf Beleidigungen und das, was man sagen darf.

Auf der einen Seite haben wir die Demolition-Man-Gesellschaft. Für diejenigen, die den Film nicht kennen: Er spielt in einer friedlichen, aber verweichlichten Zukunft. Es herrscht Zensur. Flüche und Beleidigungen sind tabu. Wer flucht oder beleidigt, wird dank intelligenter Spracherkennung direkt im Moment seines Tabubrechens mit einem Bußgeld belegt. Darüber hinaus wird er von seinen

Mitmenschen für einen Barbaren gehalten, dem die Manieren fehlen. Die Demolition-Man-Gesellschaft duldet keinerlei Beleidigungen.

Auf der gegenüberliegenden Seite des Gedankenexperiments haben wir die Clint-Eastwood-Gesellschaft. Ich möchte sie so nennen, weil Clint Eastwood mit seiner «Just fucking get over it»-Mentalität ein gutes Beispiel für den Wunsch nach einem absoluten Rederecht ist. In dieser Gesellschaft gibt es keine Sanktionen für Beleidigungen und derbe Sprache. Jeder darf sagen, was er will. Immer. Wirklich alles. Manieren sind optional, und jedem sind die Gedanken und Gefühle der Mitmenschen egal bis scheißegal. Beleidigungen sind erlaubt, vermutlich sogar – als Teil der Meinungsfreiheit! – erwünscht.

In welcher Gesellschaft würdest du leben wollen? In der zwangsnetten Demolition-Man-Gesellschaft oder in der Clint-Eastwood-Gesellschaft mit ihrem «Jeder gegen jeden»?

Ich persönlich: in keiner von beiden. Die eine ist zu nett, die andere ist zu grob. Man möchte weder in einer Zensurgesellschaft leben, die individuelle Redefreiheit radikal beschränkt, noch in einer Rüpelgesellschaft, die niemanden schützt. Es muss einen Mittelweg geben zwischen Redeverbot und dem freien Recht auf Beleidigungen und Hassrede. Und den gibt es. Schon heute. Die in unserer Demokratie grundgesetzlich garantierte Meinungsfreiheit gibt uns, gepaart mit dem Persönlichkeitsrecht, ein weites Spektrum individueller Freiheiten. Wir dürfen sehr, sehr viel sagen – aber halt nicht alles. Ab einem gewissen Punkt überlagert das Recht auf Schutz von Person B das Recht auf Redefreiheit von Person A. Meine Freiheit endet dort, wo deine beginnt. Einerseits sind wir frei, andererseits sind wir geschützt. Was überwiegt, kann man schlecht abstrakt sagen. Auch hier heißt es: In konkreten Lebenssituationen verwirklichen sich unsere Rechte.

So funktioniert unsere Demokratie. Eigentlich gar nicht mal so übel.

Dennoch wird nach wie vor viel beleidigt.

Was also tun?

Die Medizin heißt: Dialog, Dialog, Dialog.

Mit so vielen Beleidigungen wie *nötig*. Nicht so vielen Beleidigungen wie *möglich*. Meinungsverschiedenheiten sind wesentlich für demokratische Gesellschaften. Die Frage ist, wie wir damit umgehen. Wenn wir eine demokratische, also auch pluralistische Gesellschaft wollen – und ich lehne mich nicht weit aus dem Fenster, wenn ich sage: die wollen wir –, dann existieren logischerweise auch Meinungen, die gegensätzlich sind. Ansichten, die sich ausschließen. Ideen, die man nicht gleichzeitig realisieren kann, weil sie sich widersprechen.

Das ist weder parlamentarisch noch zivilgesellschaftlich auf irgendeine Weise neu.

Neu ist die Art und Weise, wie wir damit umgehen. Die Eskalation in den sozialen Medien. Der verbale Stellungskampf ganzer Milieus. Der offene Hass.

Wir brauchen den Mut, einander zuzuhören. Die Bereitschaft, das eigene Interesse nicht absolut zu setzen. Das Ringen um Lösungen in einer Demokratie nicht als Schwäche zu empfinden. Die Realität nicht zu leugnen, sondern sie verbessern zu wollen.[38]

Bundespräsident Frank-Walter Steinmeier

Soziale Medien sind die neuen Megaphone. Die demokratische Antwort muss lauten: Deeskalation dort, wo es bereits eskaliert ist – und Mäßigung dort, wo die Stimmung kritisch, aber noch nicht ins Extreme gekippt ist. Mit Hilfe der Plattformen, sei es Facebook oder Twitter. Solche Firmen dürfen gerne Profit machen, aber nicht indem sie Menschenhassern oder Radikalisierern eine Bühne bieten. Demokratisch sein heißt: Reden, reden, reden.[*]

Mit Argumenten. Und mit Rücksicht. Rücksicht darauf, dass sich unterschiedliche Menschen mit unterschiedlichen Meinungen begegnen. Rücksicht auf die Tatsache, dass sachliche Gespräche zu Lösungen führen. Niemand muss persönlich werden. Der Clou ist nämlich: In einer (größeren) Gesellschaft muss man sich gar nicht mögen.

Man muss nur miteinander auskommen.

Eine Diskussion ist insofern bestenfalls: sachlich, unpersönlich und nicht zuletzt respektvoll.

[*] Nicht «Schreien, schreien, schreien!!!».

Wenn man sich im Rahmen eines politischen Dialogs zügig beispielsweise «Sexist», «linksgrünversifft», «Faschist» oder «Relativierer» nennt, wird das nix. Jedenfalls nix mit der sachlichen Auseinandersetzung. Weil es dann zu einer persönlichen Auseinandersetzung wird. Aufgrund derartiger Beleidigungen.

Sofern man also ein wirkliches Sachinteresse hat – und das Sachinteresse nicht nur vortäuscht, um seine politischen Gegner gezielt angreifen zu können –, sollte man Beleidigungen unterlassen, so gut es geht. Im Sinne der Meinungsfreiheit. Sonst bleiben die Meinungen nämlich auf der Strecke, und es herrscht die Beleidigungsfreiheit.

Nicht zuletzt heißt demokratisch diskutieren auch: informiert diskutieren. Mit Quellen. Bestenfalls macht man sich mit Sichtweisen vertraut, die man selbst nicht teilt. Dann ist man debattenmäßig besser darauf vorbereitet, auf Menschen zu treffen, die Ansichten vertreten, die der eigenen Meinung widersprechen.

Es ist elementar, seriöse und unseriöse Quellen voneinander unterscheiden zu können. Das nennt sich nämlich Medienkompetenz. Wissenschaftliches Arbeiten. Doch viele Menschen scheinen nicht viel von Medienkompetenz und Quellenkunde zu wissen. Oder: wissen zu wollen. Oft war die Rede vom postfaktischen Zeitalter. Von «gefühlten Wahrheiten» und einem wie auch immer gearteten Desinteresse an Quellen, Fakten, Statistiken. Lügenpresse hier, unseriöser Blog da.

Wer Gefühle über Fakten stellt, gibt die Demokratie auf.

Also alle mal herhören: Es gibt kein postfaktisches Zeit-alter. Höchstens lernen wir immer noch, wie wir uns im «Neuland» Internet bewegen. Die Medienlandschaft ver-ändert sich. Der Medienkonsum verändert sich. Wir ver-ändern uns.

Das ist zwar aufregend, aber kein großer Grund zur Sor-ge. Solange Journalisten und Wissenschaftler weiter gute Arbeit leisten, wird sich das einpendeln. Zahlen, Daten und ihre Interpretation sind nämlich nach wie vor wichtig. Dinge und Sachverhalte, die man messen kann, sollte man messen. Genauer gesagt: messen lassen von den Profis. Sprich: Wissenschaftlern. Natürlich darf man einzelne Da-tensätze und ihre wissenschaftliche Deutung anzweifeln. Mehr noch: Zweifeln gehört zum klugen und aufgeklärten Menschen dazu.

Postfaktisch?
Postfickdich!

Niemand verlangt, dass man jeden Mist kritiklos abnickt. Es geht aber immer um einen *begründeten* Zweifel. Man kann Statistik XY in Frage stellen oder ihre Deutung oder die Art und Weise, wie Daten erhoben worden sind. Aber bitte im Rahmen der Vernunft und der Wissenschaftlich-keit.

Was man nicht anzweifeln kann, ist: *Wissenschaft.* Das große Ganze. Postfaktisch hieße: ein allgemeiner Zweifel.

Wenn man über jeden begründeten Anlass hinaus alles Mögliche nicht mehr glauben mag. Wenn man sein Bauchgefühl und das, was Tante Uschi sagt, über das stellt, was in der Zeitung steht. Wenn man überall Lug und Trug und Indoktrination wittert – wie ein Verschwörungstheoretiker.

Das geht nicht klar.

Dann verlässt man demokratischen Boden.

Wenn du wirklich das Gefühl hast, dass du niemandem mehr trauen kannst, dann solltest du dir vielleicht jemanden suchen, der sich deiner Sorgen annimmt.[*] Jedenfalls: Wer es mit dem Postfaktischen zu ernst meint, meint es nicht mehr ernst mit der Demokratie.

Es ist schon schwierig mit den Menschen. Sie brauchen einander, mögen sich aber nicht unbedingt. Arthur Schopenhauer hat diesbezüglich eine schöne Parabel in die Welt gesetzt. Sie heißt «Die Stachelschweine». Die Parabel geht so:

> Eine Gesellschaft Stachelschweine drängte sich an einem kalten Wintertage recht nah zusammen, um sich durch die gegenseitige Wärme vor dem Erfrieren zu schützen. Jedoch bald empfanden sie die gegenseitigen Stacheln, welches sie dann wieder von einander entfernte. Wann nun das Bedürfnis der Erwärmung sie wieder näher zusammenbrachte, wiederholte sich jenes zweite Übel, so daß

---

[*] Dein Problem: Du traust ihm nicht. Tja.

sie zwischen beiden Leiden hin und her geworfen wurden, bis sie eine mäßige Entfernung voneinander herausgefunden hatten, in der sie es am besten aushalten konnten.

So treibt das Bedürfnis der Gesellschaft, aus der Leere und Monotonie des eigenen Innern entsprungen, die Menschen zueinander; aber ihre vielen widerwärtigen Eigenschaften und unerträglichen Fehler stoßen sie wieder voneinander ab. Die mittlere Entfernung, die sie endlich herausfinden, und bei welcher ein Beisammensein bestehen kann, ist die Höflichkeit und feine Sitte. Dem, der sich nicht in dieser Entfernung hält, ruft man in England zu: keep your distance! Vermöge derselben wird zwar das Bedürfnis gegenseitiger Erwärmung nur unvollkommen befriedigt, dafür aber der Stich der Stacheln nicht empfunden.

Wer jedoch viel eigene, innere Wärme hat, bleibt lieber aus der Gesellschaft weg, um keine Beschwerde zu geben, noch zu empfangen.[39]

Das beschreibt unsere Situation nach wie vor ganz gut. Menschen suchen die Nähe von Mitmenschen. Mehr noch: Sie brauchen die Nähe. Sie ist überlebenswichtig. Das gesellschaftliche Dasein entsteht. Das Problem: die Stacheln. In unserem Fall sind die metaphorischen Stacheln natürlich die Beleidigungen, die Grobheiten, der Hass und die Hetze. Sie sind es, die schmerzen. Sprachliche Gewalt ist der Grund, warum wir voreinander zurückschrecken. Schmerzliche Stiche. Doch eine weitere Besonderheit verleiht dieser Parabel eine grausame Aktualität. Das Internet. Menschen suchen online Kontakt zu ihren Artgenossen. Heute kommen wir nicht mehr notwendigerweise körperlich zusammen – jeder versucht sich, paradoxerweise, aus der Distanz am anderen zu wärmen. Man ist abwesend, aber erreichbar. Das Problem unserer Internetstachelschweine bleibt allerdings dasselbe. Es gibt nicht genug Wärme und viel zu viele Stacheln. Es ist noch komplizierter geworden, die richtige Distanz zu finden. Mit dem Internet justieren wir unser Verhältnis zueinander neu. Viele haben die optimale Distanz zueinander wohl noch nicht gefunden.

Wie kann man die Leute daran hindern, sich gegenseitig abzustechen? Was tun als armes Schwein in der Stachelschweingesellschaft? Gestochen, also beleidigt, wird man früher oder später eh. Ratsam ist es, nicht jeden Stich zu vergelten, also zurückzubeleidigen. Wer für jedes erlittene Leid einen Gegenangriff startet, hat kaum Zeit für andere Dinge. Darüber hinaus macht es die Situation für alle schlimmer. Um ein anderes Bild wieder aufzugreifen: Wenn jeder erste Stein zurückgeworfen wird, kommt man aus dem Werfen nicht mehr raus. Mehr Beleidigungen bedeuten Eskalation. Eskalation bedeutet Stress. Rache, Revenge und Zurückbeleidigen ist insofern mehr Teil des Problems als Teil der Lösung.

Uns bleibt nichts anderes übrig, als uns unseren Mitmenschen inhaltlich zu stellen. Aber *keep your distance*, wie Schopenhauer schreibt. Mit dem richtigen Abstand gesprächsbereit sein, das ist ein guter Anfang. Dabei kann es natürlich zu Meinungsverschiedenheiten kommen. Das haben Meinungen so an sich, wenn es mehr als eine ist. Auch wenn es Schlimmes zu befürchten gibt – bei Diskussionen mit Internetwutbürgern zum Beispiel –, sollte man halbwegs cool bleiben. Und: offen. Auf Augenhöhe. Wenn wir uns beleidigen, weil wir uns für moralisch inkompatibel halten, ist die Diskussion verloren, bevor sie begonnen hat. Aussagen zurückweisen, nicht den Sprecher.

> «Die Meinungsfreiheit schützt in einer lebendigen Demokratie auch abstoßende und hässliche Äußerungen. Aber: Die Meinungsfreiheit endet da, wo das Strafrecht beginnt. Für strafbare Hetze und Verleumdung darf in den sozialen Netzwerken genauso wenig Platz sein, wie auf der Straße.»
>
> Heiko Maas (März 2017)[40]

Öffentliches Sprechen ist verantwortungsvolles Sprechen. Wir müssen uns an dem messen lassen, was wir sagen. Am Inhalt. An unserer Höflichkeit. An unserem Schandmaul. Daran, ob wir Grenzen respektieren oder Grenzen missachten. Die richtige Distanz zueinander einhalten. Besser wär's nämlich. Denn dann geht es allen besser. Mit dem richtigen Abstand ist allen Stachelschweinen wärmer.

Genug Schweinkram.

Aber wir reden ja eh von Menschen. Also zurück zu dir. Nach wie vor kannst du sagen, was du willst. Aber manchmal ist die Fallhöhe hoch. Es könnte Widerspruch geben. Gegenangriffe. Schlimmstenfalls wirst du aus der Gruppe ausgestoßen und musst dir eine neue suchen. Es gibt keinen Respekt für Respektlose. Keine Toleranz für Intoleranz.

Respektvoll mit anderen umzugehen ist insofern keine Schwäche, sondern eine Stärke. Für jeden selbst und für die Gruppe als Ganzes. Wer absichtlich die Atmosphäre vergiftet, wird zum Problem für seine Gesellschaft.

Das Stichwort lautet «respektvolle Streitkultur». Argumentieren ohne Beleidigungen. Seine Meinung sagen ohne Hass. Denn Hass ist keine Meinung. Anja Reschke hatte recht, als sie einen neuen «Aufstand der Anständigen» forderte. Das Problem betrifft uns nämlich alle. Brutalität darf nicht Normalität werden. Wenn wir uns an einen toxischen Tonfall gewöhnen, nichts dagegen tun, werden wir zu Komplizen jener, die wollen, dass die Sprache verroht. Und mit ihr die Gesellschaft. Die Sprache verkörpert ja das Weltbild einer Gesellschaft. Nicht mehr und nicht weniger. Wie wir miteinander umgehen, sagt viel darüber aus, wer wir sind.

Die Welt gehört dir nicht allein. Vergiss das nicht. Du Arschloch.

TRIVIA:
ZUM SCHLUSS 15 MITTELFINGER

1

Das Buch «Alice im Wunderland» wurde 1931 in China verboten. Die komplexe, menschenähnliche Darstellung von Tieren empfand der Zensor Ho Chien als Beleidigung. (Diese Vermenschlichung nennt man auch Anthropomorphismus.)

2

Wolfgang Amadeus Mozart galt lange Zeit als Urheber eines Werkes namens «Leck mir den Asch fein recht schön sauber». Heutzutage weiß man, dass die Komposition nicht von ihm stammt. Der Text zur Komposition allerdings schon! Er lautet:

Leck mire den Arsch recht schon,
fein sauber lecke ihn,
fein sauber lecke, leck mire den Arsch
Das ist ein fettigs Begehren,
nur gut mit Butter geschmiert,

den das Lecken der Braten mein tagliches Thun.
Drei lecken mehr als Zweie,
nur her, machet die Prob'
und leckt, leckt, leckt.
Jeder leckt sein Arsch fur sich.

3

Ein türkischer Arzt hat im Jahr 2015 auf Facebook ein Meme geteilt, das Erdoğan mit verschiedenen Gesichtsausdrücken zeigte – und Gollum mit ähnlichen. Nach einem Prozess kam es zu einer Bewährungsstrafe. «Herr der Ringe»-Regisseur Peter Jackson schaltete sich ein und sagte, auf keinem der Bilder sei Gollum zu sehen, sondern auf allen Smeagol – sein positives Alter Ego. Der Anwalt des Angeklagten argumentierte, ein Vergleich mit Smeagol sei keine Beleidigung für Erdoğan. In einem anschließenden Prozess kam es zu einem Freispruch.

4

Die «Krüppelbewegung» der 1970er und 1980er Jahre trat für eine Gleichberechtigung von Behinderten ein. In diesem Kontext sollte auch der Begriff «Krüppel» seine negative Konnotation verlieren – und positiv verwendet werden. Diese positive Verwendung hat sich nicht durchgesetzt.

5

Fluchen wirkt sich auf die Schmerztoleranz aus. In einem Versuch haben jene Menschen ihre Hand länger in Eiswasser halten können, denen es dabei erlaubt wurde zu fluchen.[41]

6

Mutterficken als Beleidigung gab es schon bei Shakespeare. Im Stück Titus Andronicus heißt es: «Villain, I have done thy mother.»

Goethe machte wiederum den Schwäbischen Gruß populär. Sein Götz von Berlichingen lässt ausrichten: «Er aber, sag's ihm, er kann mich im Arsche lecken!»

7

Es geht immer um Respekt. Mr. T ist als B. A. Baracus aus der Serie A-Team bekannt. Im Alter von 18 wählte er diesen Künstlernamen, damit das Erste, was Leute bei der Anrede zu ihm sagen, «Mister» ist.

8

Bevor die PR-Beraterin Justine Sacco im Dezember 2013 nach Afrika flog, twitterte sie noch folgenden «Witz»: «Fliege nach Afrika. Hoffentlich kriege ich kein AIDS. Kleiner Scherz. Ich bin ja weiß!» Bei ihrer Ankunft war ihr beleidigender Tweet längst viral. Sie verlor ihren Job. Der folgende Shitstorm machte international Schlagzeilen.

9

Ein Instagram-Foto des Fußballsuperstars Ronaldo sorgte Ende 2016 für weltweite Empörung. Er posierte mit einem Fuß auf dem Sockel einer Buddhastatue. Mit den dreckigen Schuhen auf einer heiligen Statue – das wurde von Tausenden als Beleidigung empfunden.

Ähnlich erging es übrigens Boris Becker 2014. Auf einem Urlaubsfoto verwechselt die Familie Becker eine liegende Buddhastatue mit einer Bank. Zu viert sitzen sie entspannt in Sommerkleidung da. Ein Fettnäpfchen, das für Empörung sorgte.

10

In Thailand wurde ein Mann zu vielen Jahren Haft verurteilt, weil er in einem Facebook-Beitrag den Hund des

Königs beleidigte. Auf Majestätsbeleidigungen stehen im asiatischen Land nach wie vor harte Strafen. Der königliche Hund gehört offenbar zur königlichen Familie. Sie zu beleidigen ist strafbar.

11

Der Schauspieler R. Lee Ermey ist vielen Menschen als Gunnery Sergeant Hartman in Erinnerung, der brüllende Militär aus dem Film «Full Metal Jacket» (1987). Die Rolle ging an ihn, nachdem Regisseur Stanley Kubrick sein Bewerbungsvideo gesehen hatte. Darin brüllt der ehemalige US-Marine-Ausbilder 15 Minuten am Stück Beleidigungen – während ihn jemand mit Tennisbällen und Orangen bewirft. Angeblich brüllt und beleidigt er, ohne sich ein einziges Mal zu wiederholen oder auch nur zu zucken.[42]

12

Twitterbots werden von einer Software betrieben, nicht von echten Menschen. Manche dieser Bots tun nichts anderes, als den lieben langen Tag andere Nutzer zu beleidigen. Künstliche Beleidigungsintelligenz. Das geht meist so lange, bis Twitter diese Accounts sperrt.

13

Eine türkische Teefirma musste 2017 umgerechnet circa siebzigtausend Euro Strafe zahlen – wegen eines Werbespots. Das Problem: Das Nationalgetränk Ayran wurde beleidigt. In der Werbung wurde behauptet, Ayran mache schläfrig. Das türkische Handelsministerium verantwortete die Geldstrafe.

14

Es muss nicht immer ACAB sein. Das Amtsgericht Düsseldorf verurteilte eine Frau 2015 zu 200 Euro Geldstrafe, weil sie zu einem Polizisten «Du Mädchen» sagte.

15

Seit 1664 verbietet es die Stadt Hamburg, die Schwäne auf der Hamburger Alster zu beleidigen. Mit «beleidigen» ist vermutlich «Leid zufügen» gemeint, aber dennoch lieber aufpassen, ob Schwäne in Hörweite sind.

DANK

Ich möchte den vielen wütenden Menschen im Internet danken. Dieses Buch wäre nicht möglich gewesen ohne euch Arschlöcher.

BILDNACHWEIS

Seite 13: meta bene
Seite 21: www.martin-perscheid.de
Seite 27: hauck & bauer
Seite 62: Ruth Herzberg, frauruth.de
Seite 117: mrlovenstein.com

ANMERKUNGEN

1 Studie: «Taboo word fluency and knowledge of slurs and general pejoratives: deconstructing the poverty-of-vo cabulary myth» von Kristin L. Jay und Timothy B. Jay (2015). http://www.sciencedirect.com/science/article/pii/S03 8800011400151X.

2 https://www.ruhrbarone.de/in-eigener-sache-drecks band-frei-wild-mahnt-ruhrbarone-ab-wir-lassen-das-ge richt-entscheiden/125391.

3 LG Darmstadt, Urteil vom 2. 2. 1989, Az. 3 O 535/88.

4 http://www.zeit.de/gesellschaft/zeitgeschehen/2016-11/pegida-lutz-bachmann-volksverhetzung-geldstrafe-ur teil.

5 Dieses Grundsatzurteil ist als «Lüth-Urteil» bekannt.

6 Siehe «Äußerung «Durchgeknallter Staatsanwalt» stellt nicht zwingend eine Beleidigung dar», Pressemit-teilung des Bundesverfassungsgerichts Nr. 71/2009 vom 26. Juni 2009. http://www.bundesverfassungsgericht.de/ SharedDocs/Pressemitteilungen/DE/2009/bvg09-071.html und «Bezeichnung als «Dummschwätzer» nicht zwin-gend eine Beleidigung», Pressemitteilung Nr. 110/2008 vom 30. Dezember 2008. http://www.bundesverfassungs gericht.de/pressemitteilungen/bvg08-110.html.

7 «Organklage der NPD gegen den Bundespräsidenten zurückgewiesen», Pressemitteilung Nr. 51/2014 vom 10. Juni 2014. http://www.bundesverfassungsgericht.de/Sha redDocs/Pressemitteilungen/DE/2014/bvg14-051.html.

8 LG Düsseldorf, 19. 04. 2016 – 6 O 226/15.

9 http://justiz.hamburg.de/pressemitteilungen/8138326/ pressemitteilung-2017-02-10-olg-01/.

10 Ebd.

11 S. Prof. Mark Zöller: «Beleidigung von Polizeibeamten durch Verwendung der Abkürzung A.C.A.B.» (2013), S. 102. http://www.zjs-online.com/dat/artikel/2013_1_671.pdf.

12 Vgl. ebd., S. 106.

13 Siehe Amtsgericht Regensburg, Urteil vom 25. 01. 2012 – 30 CS 104 Js 9183/11.

14 «‹Kollektivbeleidigung› nur bei Bezug zu einer hinreichend überschaubaren und abgegrenzten Personengruppe», Pressemitteilung Nr. 23/2015 vom 28. April 2015. https://www.bundesverfassungsgericht.de/SharedDocs/ Pressemitteilungen/DE/2015/bvg15-023.html.

15 http://www.deutschlandfunkkultur.de/man-vermei det-potenzielle-verletzungen.954.de.html?dram:article_ id=236564.

16 http://www.imdb.com/title/tt1853728/trivia?item=tr 2021228.

17 Vgl. Randall Kennedy: Nigger: The Strange Career of a Troublesome Word (2003), S. 41.

18 http://www.jetzt.de/textmarker/ich-finde-es-total-scheisse-564840.

---

19 https://erenguevercin.wordpress.com/2013/01/20/die-sprachhygieniker-konnen-uns-schreiber-mal/.

20 http://www.esquire.com/entertainment/a46893/double-trouble-clint-and-scott-eastwood/.

21 John Cleese: «Political Correctness Can Lead to an orwellian Nightmare», siehe ab 0:55, https://www.youtube.com/watch?v=QAKoKXEpF8U.

22 Eine Juraprofessorin beschrieb Ende 2014 ihre Erfahrungen mit einem problem. Diskussionsklima in dem Artikel «The Trouble with Teaching Rape Law», http://www.newyorker.com/news/news-desk/trouble-teaching-rape-law.

23 «Oettinger, einfach unverbesserlich» (30. Oktober 2016), http://www.sueddeutsche.de/politik/umstrittene-rede-von-eu-kommissar-oettinger-einfach-unverbesserlich-1.3228026.

24 Dass politische Korrektheit keine linkspolitische Eigenheit ist, zeigt sich allein daran, dass das rechtsnationale Lager seine eigene Variante politischer Korrektheit besitzt. Auch hier gibt es Grenzen des Sagbaren und Nichtsagbaren. Klar, «Neger» darf man da wahrscheinlich straflos sagen. Doch auch die Rechten sagen einiges lieber nicht – oder meinen es anders als gesagt. Nationalisten verschleiern sich als «Patrioten», Neonazis nennen sich lieber «identitär», völkischer Rassismus heißt neuerdings «Ethnopluralismus». Wenn sich jemand kritisch über Nation, Militär oder Polizei äußert, ist das Geschrei im rechten Lager groß. Dann gibt man sich schnell beleidigt. Weil gegen die eigene politische Korrektheit verstoßen wird.

Zugeben würde das allerdings niemand aus dem rechten Spektrum – politische Korrektheit muss Feindbild bleiben, Defizit der «Linksgrünversifften».

Eine rechte Politikerin sagte Anfang 2017 gar, die politische Korrektheit gehöre «auf den Müllhaufen der Geschichte». Ermuntert von der Forderung nach ungebundener Redefreiheit sagte der Moderator der NDR-Satiresendung «extra 3» daraufhin ironisch: «Jawoll, lasst uns alle unkorrekt sein. Da hat die Nazi-Schlampe doch recht.» Ganz in ihrem Sinne wurde da wirklich kein Blatt vor den Mund genommen. Bravo. Die Gemeinte nahm ihre eigene Forderung nach einer neuen Zensurlosigkeit offenbar doch nicht so ernst und leitete rechtliche Schritte gegen die Äußerung «Nazi-Schlampe» ein. Vergeblich. Das Gericht stellte sich, gerade vor dem Hintergrund ihrer ursprünglichen Forderung nach mehr Unkorrektheit, auf die Seite der Satiriker.

Tja. Sagbares erweitern, grenzenlose Meinungsfreiheit – gerne, aber nur dann, wenn es einem selbst und dem eigenen Lager auch genehm ist. So, so. Das nennt sich Doppelmoral … und gehört auf den Müllhaufen der Geschichte.

25 «‹Es war und ist nicht meine Absicht, irgendjemanden mit Bemerkungen zu verletzen. Ich bedaure diese Ausdrücke von damals ausdrücklich.›» https://www.tagesschau.de/ausland/eu-oettinger-103.html.

26 «Die Heimsuchung» (Britta Stuff). Der Spiegel 44/2016. https://magazin.spiegel.de/SP/2016/44/147594770/index.html.

27 Ausnahmsweise verweise ich auf Wikipedia, da der

englischsprachige Artikel (Stand Mai 2017) eine solide Einführung ins Thema bietet: https://en.wikipedia.org/wiki/Embodied_cognition.

28 http://www.tagesspiegel.de/medien/hass-kommentare-auf-facebook-mann-wegen-beleidigung-von-sigmar-gabriel-verurteilt/13067930.html.

29 Zitat aus «Die Heimsuchung» (Britta Stuff). Der Spiegel 44/2016. https://magazin.spiegel.de/SP/2016/44/14759 4770/index.html.

30 https://www.reddit.com/r/RoastMe/.

31 https://www.facebook.com/communitystandards.

32 Jakob Augstein, Nikolaus Blome: Links oder rechts? Antworten auf die Fragen der Deutschen (2016) S. 11.

33 «Literaturstreit von Betrunkenen endet tödlich», http://www.zeit.de/gesellschaft/zeitgeschehen/2014-01/russland-streit-poesie-prosa.

34 «Streit über Philosoph Kant eskaliert – ein Verletzter», http://www.sueddeutsche.de/panorama/russland-streit-ue ber-philosoph-kant-eskaliert-ein-verletzter-1.1772303.

35 Arthur Schopenhauer: Die Kunst, Recht zu behalten. Letzter Kunstgriff. http://gutenberg.spiegel.de/buch/die-kunst-recht-zu-behalten-4994/40.

36 Etwas ausführlicher gibt es die Geschichte z. B. hier: http://jezebel.com/model-responds-to-unwelcome-dick-pics-by-contacting-sen-1756022915. Noch kreativer war eine Künstlerin aus Los Angeles. Whitney Bell hat mit Hilfe der ihr zugesandten Schwanzbilder eine feministische Kunstausstellung veranstaltet – unter dem schönen Titel «I

Didn't Ask For This: A Lifetime of Dick Pics». Siehe: http://www.dazeddigital.com/artsandculture/gallery/21921/0/i-didn-t-ask-for-this-a-lifetime-of-dick-pics.

37 https://hatepoetry.com/.

38 «Lasst uns mutig sein!», Rede vor der Bundesversammlung. http://www.tagesspiegel.de/politik/rede-von-frank-walter-steinmeier-lasst-uns-mutig-sein/19381216.html.

39 «Die Stachelschweine» von Arthur Schopenhauer. http://gutenberg.spiegel.de/buch/arthur-schopenhauer-fa beln-und-parabeln-4997/1.

40 «Bekämpfung von Hasskriminalität und strafbaren Falschnachrichten – Bessere Rechtsdurchsetzung in sozialen Netzwerken», https://www.bmjv.de/SharedDocs/Artikel/DE/2017/03142017_GE_Rechtsdurchsetzung_So ziale_Netzwerke.html.

41 Richard Stephans, Claudia Umland: «Swearing as a Response to Pain – Effect of Daily Swearing Frequency» (2011), http://www.jpain.org/article/S1526-5900%2811%2900762-0/abstract.

42 http://www.imdb.com/title/tt0093058/trivia?item= tr0786522.

Alexander von Schönburg
Smalltalk

REDEN IST SILBER, SMALLTALK IST GOLD

«Smalltalk hat grundsätzlich mit Nichtigkeiten zu beginnen – frei nach dem Diktum, das wer beim Lunch schon geistreich ist, nur noch keine Einladung zum Abendessen hat.» Alexander von Schönburgs amüsantes Plädoyer für den Smalltalk zeigt: Nichts ist leichter, als Menschen mit einer gekonnten Unterhaltung für sich einzunehmen. Ein so scharfsinniges wie heiteres Buch über die große Kunst des kleinen Gesprächs, unverzichtbar für alle, die auch die auswegloseste Gesprächssituation glamourös und mit Stil bestehen wollen.

320 Seiten

«Schönburg trifft den Nerv der Zeit.»
DIE WELTWOCHE

Michio Kaku
Die Physik des Bewusstseins

Über die Zukunft des Geistes

Wir sind auf dem Weg zu einer Symbiose von Geist und
Technik. Wir werden Gegenstände mit Gedankenkraft be-
wegen und ungeheure Mengen von Wissen verarbeiten. Die
Physik macht es möglich: Immer komplexere Rechner und
Maschinen beschleunigen die Erforschung von Hirn und
Bewusstsein. Das wird die Kapazität unserer Geisteskräfte
in Zukunft dramatisch steigern helfen. Wie wird das Leben
mit dieser wissenschaftlich-technischen Revolution sein?
Welche ethischen Fragen folgen daraus? Star-Physiker und
Bestsellerautor Michio Kaku gibt faszinierende Antworten.

544 Seiten

**«Der Meister des Erklärens … Auf jeder Seite spürt man
Kakus Leidenschaft für seine Themen.»**

P.M.

Sb 108/1